Ernste Fragen

an die

Gebildeten jüdischer Religion.

Von

Franz Delitzsch.

———

Schriften des Institutum Judaicum zu Leipzig. Nr. 18 und 19.

———

Leipzig.

Centralbureau der Instituta Judaica (W. Faber).

1888.

Lieber jüdischer Leser!

Wenn ich, der Dir vielleicht als Freund Israels bekannte christliche Gelehrte, Dich zu religiösem Nachdenken zu veranlassen suche, so geschieht es mit dem guten Willen, mich in Deine Lage und Denkweise zu versetzen, und von keinerlei Voraussetzungen auszugehen, als solchen, über die wir einig sind, und Dir nur mit solchen Beweisen entgegenzutreten, welche von zwingender Beweiskraft und, wenn Du ihnen Stand hältst, von unwiderstehlicher Überzeugungskraft sind.

Es giebt einen Gott. Das glaubst Du wie ich, wir müssen es glauben. Vergeblich sucht der Atheist, der Epikuräer diesen Glauben in sich zu ertöten. Unser Geist ist darauf angelegt, von der Erscheinung auf ihren Grund, von der Wirkung auf ihre Ursache zu schließen, und indem er auf dieser Leiter der Schlußfolgerung höher und höher klimmt, gelangt er schließlich bei einem Wesen an, welches die Ursache der Ursachen und der Urgrund der Welt ist, ein durch nichts als durch sich selber bedingtes und alles bedingendes Wesen, dem alles, was ist, sein Dasein und also sich selber verdankt — die Welt ohne Gott wäre ein blindes Ungeheuer und die Weltgeschichte ohne Gott ein zielloses Durcheinander ohne Sinn und Verstand.

Und es giebt nur Einen Gott. Zwei, drei höchste Wesen nebeneinander sind unmöglich, nur eines kann das höchste sein. Dieser Eine Gott aber, von dem der Mensch in jedem Atemzuge abhängig ist und dessen Ehre die Himmel erzählen, will auch allein als Gott anerkannt und gepriesen sein. Unter allen Wahrheiten, denen die Vernunft sich beugen muß, giebt es keine höhere, als die, daß Gott Einer ist, und unter allen Pflichten, die der vernunftbegabten Kreatur obliegen, giebt es keine höhere, als die, daß sie diesem Einzig=Einen die Ehre gebe.

Ich komme Dir, mein jüdischer Leser, mit dem offenen, ehrlichen Bekenntnis entgegen, daß das Christentum, wenn es den Glauben, daß Gott Einer, aufgäbe oder fälschte, eine falsche Religion wäre. Das Judentum hätte dann ein verhältnismäßig größeres Recht, sich die Bestimmung zur Weltreligion zuzusprechen, als das Christentum. Denn unsere Hauptwaffe gegen das Heidentum ist doch die Losung, daß die Götter der Heiden nur vergötterte Naturdinge sind und daß der wahre, lebendige Gott Einer ist, der Schöpfer des Himmels und der Erde.

Auch das Zugeständnis darf ich Dir nicht vorenthalten, daß der christliche Kultus hier und da mit seinen Kultushandlungen und seiner Kultussprache in Widerspruch mit dem Bekenntnis der Einheit Gottes zu stehen scheint. Mit manchen Mißbräuchen und Irrlehren, welche heidnische Art an sich tragen, weil sie die Ehre des Einen Gottes schmälern, hat die Reformation gebrochen. Diese hat für alle Zukunft den Grundsatz aufgestellt, daß die Lehre und Praxis der Kirche fortwährender Prüfung an der heiligen Schrift unterliegt. Das reformatorische Bekenntnis bezeichnet die heiligen Bücher Alten und Neuen Testaments als die „lauteren Quellen Israels", auf welche die Kirche immer aufs neue zurückgehen muß, um ihre Lehre darnach zu normieren und ihr Leben darnach zu regeln. Auch das Israel des Alten Bundes ist für seine Beurteilung der Religion des Neuen Bundes an die Urkunden dieser Religion gewiesen, und die Kirche hat kein Recht, ihm das Christentum in der oder jener geschichtlichen Gestalt aufzudringen.

Andererseits aber hat der Israelit, welcher ein wahrheit=

gemäßes Urteil über das Christentum fällen will, die vor Gott und Menschen unerläßliche Pflicht, sich nicht durch zufällige Eindrücke und unselbständiges Hörensagen bestimmen zu lassen, sondern das Neue Testament aufzuschlagen und zuzusehen, was Jesus sagt und was seine Apostel sagen. Und da wird er finden, daß der Fundamentalsatz von der Einheit Gottes, welcher allein schon die unvergleichliche Erhabenheit der Religion Israels über alle Religionen des Altertums beweist, auch im Neuen Testament als oberste Wahrheit anerkannt wird. Als einer der Schriftgelehrten — so wird Marc. 12, 28. 29 erzählt — Jesus fragt, welches Gebot das erste aller sei, da antwortet er, das erste aller sei „Höre, Israel, der HErr unser Gott ist ein einiger Gott". Und bei Lukas 18, 18. 19 lesen wir, daß ein Oberster sich an ihn mit der Frage wendet: Guter Meister, was muß ich thun, daß ich das ewige Leben ererbe? Er aber beginnt seine Antwort: Was heißest du mich gut? Niemand ist gut, denn der einige Gott. Und in dem großen Gebet, welches er vor seinem Todesgang an seinen himmlischen Vater richtet, sagt er Joh. 17, 3: Das ist das ewige Leben, daß sie dich, der du allein wahrer Gott bist, und den du gesandt hast, Jesum Christum, erkennen. Wie ein Echo dieses Wortes des Herrn ist, was Paulus 1. Kor. 8, 6 sagt: Wir haben nur Einen Gott, den Vater, von welchem alle Dinge sind und wir in ihm, und Einen Herrn, Jesum Christ, durch welchen alle Dinge sind und wir durch ihn.

Solche Bekenntnisse zu Gott dem Einzig=Einen gehen durch alle Teile des Neuen Testamentes hindurch. Aber — so wird man mir entgegenrufen — ihr glaubt doch an Gott als drei=einigen. Allerdings, aber wenn die Dreieinigkeit die Einheit aus= schlösse, würden wir die Dreieinigkeit aufgeben und die Einheit festhalten. Wir glauben an Gott und Gottes Sohn und Got= tes heiligen Geist, wie ja auch ihr an Gott und seine Schechina und seinen heiligen Geist glaubt. Das Wesen Gottes ist eines, und dreifach seines Wesens Offenbarung. Schon in der heiligen Geschichte des Alten Testamentes bezeugt er sich dreifach. Aber wir wollen das vorerst auf sich beruhen lassen. Ich setze für unsere weitere Unterredung nichts voraus, als daß wir übereinstimmen in dem Glauben an das Dasein Gottes und an die Einheit Gottes.

Ist Gott der Schöpfer der Welt, so ist er auch ihr Erhalter und Regierer. Und ist der Mensch frei, so daß er seinem Thun diese oder jene Richtung geben kann, so ist er auch sittlich verantwortlich; beides bestätigt unser Bewußtsein. Ebendeshalb aber, weil es freie Wesen giebt, kann die Weltgeschichte nicht nach gleichen Gesetzen verlaufen, wie der wechselvolle Fortbestand der Naturwelt. Es giebt eine naturgesetzliche Weltordnung und eine höheren Gesetzen folgende sittliche Weltordnung. Das Verhalten der Menschen zu Gott ist bestimmend für das Verhalten Gottes zu den Menschen. Und weil die in Irrsal der Gottentfremdung und in Verderben der Sünde versunkenen Menschen sich selber zu retten außer stande sind, so greift Gott, welcher nicht allein der Gerechte, sondern vor allem der Barmherzige und Gnädige ist, in die Geschichte ein und kommt den Menschen mit Veranstaltungen zu ihrer Rettung entgegen und läßt Gnade für Recht über alle diejenigen ergehen, welche seine rettende Hand nicht von sich stoßen.

Eine solche Veranstaltung war die Ausführung Abrams aus abgöttischer Umgebung, um ihn zum Propheten des Einen lebendigen Gottes für sein Haus und alle Welt zu machen. „Zieh hinweg — lautete die Gottesstimme, die er in Haran vernahm 1. Mos. 12 — aus deinem Lande und deiner Heimat und deinem Vaterhause in das Land, das ich dir zeigen werde. Und ich werde dich zu einem großen Volke machen und dich segnen, und will groß machen deinen Namen, und werde Segen!" Abraham wird berufen, ein Mittler des Segens, ein Brunnquell weithin ausströmenden Segens zu werden. Aber um gesegnet zu werden, muß man sich segnen lassen. Ob man des Segens teilhaft wird, dessen Träger Abraham ist, hängt von der Stellung ab, die man zu ihm einnimmt, wie dort Vers 3 die Gottesstimme fortfährt: "Und ich will segnen, die dich segnen, und den, der dich schmähet, werde ich verfluchen, und segnen werden sich in dir alle Geschlechter des Erdbodens." So war Gottes Wille, Gottes Plan, Gottes Verheißung, die von Abraham auf Isaak und Jakob und das von ihnen stammende Volk überging. Die Patriarchen waren nicht ohne sündliche Schwächen und das Volk Israel hatte seiner Natürlichkeit nach immer einen heidnischen Zug, welchem die Masse durch Aneignung der abgöttischen Kulte der Nachbarvölker nachgab. Aber insoweit Israel und seine Ahnen sich in Wahrheit als Diener und Organe des Einen lebendigen Gottes und seines Ratschlusses und Willens erwiesen, forderte Gott, der die Geschichte nach seinem Heilsplan gestaltet, für diese seine menschlichen Werkzeuge von allen denjenigen, in deren Gesichtskreis sie traten, glaubensgehorsame Anerkennung ihrer göttlichen Sendung.

Auf die patriarchalische Gestalt der Offenbarungsreligion ist die mosaische gefolgt und auf die mosaische die christliche. Als Jesus von Johannes sich im Jordan taufen ließ und als er auf dem Berge verklärt ward, fiel eine Stimme aus der Wolke, die sprach: Dieser ist mein lieber Sohn, den sollt ihr hören (Luk. 9, 35). Das göttliche Zeugnis erklärt ihn für den Propheten gleich Mose, welcher 5. Mos. 18, 19 mit der ernst drohenden Mahnung verheißen wird: "Wer meine Worte nicht hören wird, die er in meinem Namen reden wird, von dem will ich's fordern." Es erklärt ihn für den Knecht Gottes, von welchem Gott im Worte der Weissagung (Jes. 42, 1) sagt: „Siehe, das ist mein Knecht, ich erhalte ihn, und mein Auserwählter, an welchem meine Seele Wohlgefallen hat — ich habe ihm meinen Geist gegeben, er wird das Recht unter die Heiden bringen", d. h. er ist es, den Gott ersehen hat, daß durch ihn die Religion Israels' zur Weltreligion werde. Er ist der Sohn, von welchem in Ps. 2 gesagt wird: „Küsset den Sohn, daß er (Gott der Herr) nicht zürne und ihr umkommet auf dem Wege." „Denn der Vater hat den Sohn lieb — wie wir im vierten der vier Evangelien lesen (Joh. 3, 35. 36) — und hat ihm alles in seine Hand gegeben. Wer an den Sohn glaubet, der hat das ewige Leben; wer dem Sohne nicht glaubet, der wird das Leben nicht sehen, sondern der Zorn Gottes bleibet über ihn." Und er selbst in seiner Bergpredigt fordert Glauben, lebendigen Glauben, Bekenntnis des Herzens und Lebens, denn er wird an jenem Tage zu allen, die sich nur äußerlich und nicht innerlichst ihm untergeben haben, richterlich entscheidend sprechen (Matth. 7, 23): „Ich habe euch noch nie erkannt, weichet alle von mir, ihr Übelthäter!"

Das sind gewaltige Worte, welche auch den jüdischen Hörer nicht gleichgültig lassen sollten. Ist dieser Jesus nicht doch etwa eine von Gott auf den Schauplatz der Geschichte in die Menschheit hineingestellte Persönlichkeit, durch welche die von Abraham begonnene und von Mose fortgesetzte Mittlerschaft des Heils zur Vollendung kommen sollte? Von Erfolgen, welche diese Verkündigung des Einen wahren Gottes über Abrahams eigenes Haus hinaus gehabt hätte, lesen wir nichts; in Ägypten und Philistäa vereitelt er selbst den Erfolg durch die sittlichen Blößen, die er sich gab. Und auch Mose und das Volk des durch ihn vermittelten Gesetzes haben für die Bekehrung der Heidenwelt von ihren toten Götzen zu dem lebendigen Gott nichts Erheb-

liches geleistet. Selbst unter den Propheten ist nur einer, näm=
lich Jona, welcher nach Ninive, der Weltstadt, geht, um das
Gericht zur Buße zu predigen, aber er thut es, göttlicher Nöti=
gung folgend, mit Widerstreben. Dagegen hat die von jenem
Jesus ausgehende apostolische Predigt das Heidentum des römi=
schen Weltreichs gestürzt, so daß Julianus Apostata vergeblich
ihm wieder aufzuhelfen suchte. Und zwar hat die Mission des
Christentums in den folgenden Jahrhunderten nicht gleichen
Schritt gehalten mit den ersten, in denen die von Jesus aus=
gegangenen uranfänglichen Impulse nachwirkten, und das Chri=
stentum selbst hat die ihm inwohnende Energie durch allerlei
Entartungen gelähmt. Aber doch haben alle folgenden Jahr=
hunderte Erfolge in der Heidenwelt aufzuweisen, denen das
Judentum nichts auch nur einigermaßen Ähnliches an die Seite
zu stellen hat. Und überall, wo das Christentum Eingang fand,
hat es das Geistes= und Gesellschafts= und Staatsleben mit
Kräften des Fortschrittes durchdrungen und eine neue Zeit ge=
schaffen, eine neue Weltgeschichtsära eröffnet.

In eurem Talmud aber wird dieser Jesus als ein von
einem gewissen Pandera mit Maria in Ehebruch erzeugter
Bastard (ממזר) beschimpft, und wird gefabelt, daß er mit
Josua ben Perachja, der aber ein Jahrhundert früher gelebt
hat, in Ägypten war und dort sich unwürdig benommen habe,
so daß er feierlich exkommuniziert wurde. Seine Wunder wer=
den daraus erklärt, daß er in einem Einschnitt seines Fleisches
Zauberformeln aus Ägypten eingeschmuggelt habe. Statt
der zwölf Apostel werden fünf Jünger aufgezählt und jedem
mit Anspielung auf seinen Namen der Denkzettel der Todes=
würdigkeit angehängt. Jesus selbst — so wird erzählt — sei
in Lydda als Volksverführer gehängt worden und befinde sich
seitdem verdientermaßen in noch ärgerer Pein als Bileam, in=
dem er — es ist haarsträubend zu sagen — in dem Pfuhle ge=

schlechtlicher Sekretionen gesotten werde. Wendet nicht ein, daß ihr nichts dergleichen im Talmud gelesen hättet — die Zensur hat diese Stellen gestrichen, aber es giebt Bücher, in welchen das, was in diesen Zensurlücken stand (חסרונות הש״ם), „gleich Edelsteinen und Perlen" gesammelt und der Vergessenheit entrissen ist.

Muß in diesem talmudischen Judentum, dessen Seele solcher Jesushaß ist, nicht etwas faul sein? Sollte nicht vielleicht auch von Jesus gelten, was von Abraham: „Ich will segnen, die dich segnen und verfluchen, die dich verfluchen"? Jene Beschimpfungen lauten wie Irrereden solcher, die vom Kelch göttlichen Zorns getrunken.

Wendet nicht ein, daß diese Herabsetzung der Person Jesu darin ihren Grund habe, daß er sich Gottes Sohn genannt und sich in ein mit der Einheit Gottes unverträgliches Verhältnis zu Gott gestellt habe. Immer bleibt doch seine sittliche Reinheit, seine geistige Größe, seine welterneuernde Wirksamkeit, vor denen auch die größten Geister der Neuzeit trotz ihres freidenkerischen Standpunkts sich beugen. „Ich halte die Evangelien — sagte Goethe am 11. März 1832 — für durchaus echt, denn es ist in ihnen ein Abglanz einer Hoheit wirksam, der von der Person Christi ausging und die so göttlicher Art, wie nur je auf Erden das Göttliche erschienen ist. Fragt man mich, ob es in meiner Natur sei, ihm anbetend Ehrfurcht zu erweisen, so sage ich: durchaus! Ich beuge mich vor ihm als der höchsten Offenbarung des höchsten Prinzips der Sittlichkeit." Und Carlyle, nichts weniger als ein Christ im strengen kirchlichen Sinne, sagt einmal: „Wenn du mich fragst, bis zu welcher Höhe die Menschheit in der Religion gestiegen, so sage ich: Schaue auf unser göttlichstes Symbol, Jesus von Nazareth, und sein Leben und die Geschichte seines Lebens (his biography). Höher ist der menschliche Geist noch nicht gekommen."

Es giebt auch Edle in Israel, welche annäherungsweise ähnlich urteilen. Wir begegnen in den Schriften von Leopold Kompert und Karl Emil Franzos lieblichen Anerkennungen der reinen, hehren Menschlichkeit Jesu, nur daß sie nicht die Schluß= folgerung ziehen, daß das Christentum eine höhere Religionsstufe sei als das Judentum. Wir freuen uns auch schon dieser An= näherung. Wer ihm nicht flucht, ist nahe daran, ihn zu segnen und von dem Gott, dessen Schechina er ist, gesegnet zu werden.

Die Zeit ist vorüber oder sollte doch vorüber sein, wo Juden= haß jeden Einzelnen des Volkes wie einen Mitbetei= ligten an der Hinmordung Jesu ansah und Gotte einen Dienst zu thun meinte, wenn er den Juden diese Blutthat blutig heimzahlte — es gab ja damals jüdische Gemeinden in allen drei Erdteilen, welche von dem Auftreten Jesu im Heimatlande und seiner Hinrichtung ganz und gar nichts wußten. Anderer= seits sind es auch vergebliche Anstrengungen, welche die Schuld der Juden an der Kreuzigung Jesu entweder zu verneinen oder doch zu verkleinern suchen. So suchte Philippson in seiner Schrift: Haben die Juden Jesum gekreuzigt? die Juden ganz in der= selben Weise zu entlasten, wie die Inquisitions=Tribunale die Hin= richtung der von ihnen verurteilten Ketzer dem Arme der welt= lichen Obrigkeit zuschoben. Und Grätz, nachdem er Person und Wirksamkeit Jesu mit der Unparteilichkeit eines Geschichtschrei= bers geschildert zu haben glaubt, sagt, als er bei der Kreuzigung angelangt ist: „Das war das Ende des Mannes, der an der sittlichen Besserung seines Volkes gearbeitet und vielleicht das Opfer eines Mißverständnisses geworden war." Vielleicht! näm= lich, indem man dies, daß er sich Gottes Sohn nannte, viel= leicht in einem andern Sinne verstand, als es gemeint war.

Wir aber sind der Ansicht, daß es allerdings bei der Verur= teilung Jesu tumultuarisch herging, daß die Formen des Rechtes nicht nach Gebühr gewahrt wurden und daß obenan der Ruf an Pilatus: „Wenn du diesen freigiebst, bist du des Kaisers Freund nicht; wer sich selbst zum König macht, ist wider den Kaiser" (Joh. 19, 12), eine auf die Feigheit des Prokurators be= rechnete Niederträchtigkeit war. Aber übrigens räumen wir ein, daß jener Jesus, welcher in der Bergpredigt sogar den Dekalog der Kritik unterzieht und mit: „Ich aber sage euch" ihm seine Worte entgegenstellt, welcher sich nicht allein als Gottes Sohn, sondern auch als Herrn des Sabbats bezeichnete und solche rabbinische Satzungen wie das Händewaschen vor der Mahlzeit für wertlos erklärte, vom Standpunkte pharisäischer Gesetzlich= lichkeit als des Todes schuldig erscheinen mußte; denn Über= tretung rechtskräftig gewordener Satzungen, welche die Thora gegen Übertretung schirmen sollen, ist nach traditionellem Recht eine Todsünde (Erubin 21ᵇ), einen solchen Lehrer soll man in Fest= zeit hinrichten (Sanhedrin XI, 4). Und doch war die Hinrichtung Jesu, von höherem Gesichtspunkt aus betrachtet, ein Justizmord. Die den Gesetzesbuchstaben vollstreckende Gerechtigkeit war himmel= schreiende Ungerechtigkeit. Denn die schlechthin makellose Reinheit der Person Jesu, die überwältigende Geistesmacht seiner Ver= kündigung und die Wunderthaten barmherziger Liebe, in denen sich Gott zu ihm bekannte, mußten hinausheben über den Stand= punkt rigoröser Gesetzlichkeit. Diese hat, indem sie den Heiligen Gottes ans Kreuz brachte, an sich selbst das Todesurteil voll= zogen. Wie Paulus, welcher vor seiner Bekehrung zustimmend bei der Steinigung des Stephanus assistierte und mit Drohen und Morden wider die Jünger des Herrn schnaubte, eben daran er= kannte, welcher verbrecherischen Grausamkeit pharisäischer Fana= tismus fähig sei, und wie er Gal. 2, 19 sagt, daß er durchs Gesetz dem Gesetze gestorben ist: so hat die Religion des Gesetzes, in=

dem sie den Stifter des von den Propheten geweissagten neuen Bundes dem Kreuzestode überlieferte, sich selber das Zeugnis kläglicher Beschränktheit ausgestellt und ihren eigenen Untergang besiegelt.

Wir sind weit entfernt, jeden einzelnen der später und außerhalb Palästinas lebenden Israeliten als Mitthäter bei jener religionsgeschichtlich entscheidungsvollen Gerichtsprozedur anzusehen. Aber da, wenn irgend ein Volk, gerade das jüdische eine durch Gemeinsamkeit der Abstammung, der Religion, des Ceremonialgesetzes und der Geschichte verbundene solidarische Einheit ist, wie das Sprichwort sagt: כולן ערבים זה בזה (alle stehen wie Ein Mann einer für den andern): so werden wir uns der Schlußfolgerung nicht entziehen können, daß die Überantwortung Jesu als eines todeswürdigen Verbrechers an die Römer eine auf dem jüdischen Volke lastende Nationalschuld ist, und wenn wir nun bei den Propheten lesen, daß das Israel der Endzeit reumütig an seine Brust schlagen und die Tötung eines schmählich verkannten Knechtes Gottes als blutiges Unrecht bekennen und beklagen wird: so läßt sich der Gewissensfrage nicht entgehen, ob doch nicht vielleicht Jesus dieser in unseliger Verblendung Hingemordete ist.

„Ich werde ausgießen — lesen wir im Buche Sacharja 12, 10—13, 1 — über das Haus Davids und über die Bewohner Jerusalems den Geist der Gnade und des Flehens um Gnade, und sie werden aufblicken zu mir, den sie durchstochen haben, und werden klagen um ihn gleich der Klage um den Einzigen und bitterlich weinen um ihn, wie man bitterlich weint um den Erstgeborenen. An jenem Tage wird groß werden das Klagen in Jerusalem gleich dem Klagen in Hadadrimmon im Blachfelde Megiddo. Und wehklagen wird das Land, alle Geschlechter besonders, das Geschlecht David besonders und ihre Frauen besonders, das Geschlecht des Hauses Nathans besonders und ihre Frauen besonders, das Geschlecht des Hauses Levi besonders und ihre Frauen besonders, das Geschlecht des Simei besonders und ihre Frauen besonders — alle übrig gebliebenen Geschlechter, jedes Geschlecht besonders und ihre Frauen besonders. An jenem Tage wird ein Quell geöffnet sein dem Hause Davids und den Bewohnern Jerusalems für Sünde und Unreinigkeit." Es ist eine Nationaltrauer wie einst um den geliebten König Josia, den auf dem Schlachtfelde von Megiddo tödlich Getroffenen. Das Königshaus in seiner Hauptlinie und seinen Seitenlinien (David, Nathan), das Priesterhaus in seiner Hauptlinie und seinen Seitenlinien (Levi, Simei) werden trauern und nicht allein diese, sondern alle in jener künftigen Zeit der großen Buße Israels noch übrigen Geschlechter. Die besondere Hervorhebung der Frauen will sagen, daß es sich nicht bloß um eine nationalpolitische, sondern um eine das Verhältnis zu Gott betreffende Sache handelt, in welcher für Weib und Mann Pflichten und Rechte gleich sind. Wer ist jener Durchbohrte, dessen Durchbohrung Gott der HErr als einen ihm selbst angethanen Frevel ansieht?

„Den sie durchstochen haben" — man könnte meinen, daß nicht seine Volksgenossen, sondern die Heiden als ihn Durchbohrende gemeint seien. Aber im Buche Jesaia hören wir, daß der unschuldige Knecht Gottes von seinem eigenen Volke, für das er sich opferte, verfolgt ward. „Meinen Rücken — sagt er 50, 6 — hielt ich Schlagenden dar und meine Backen Raufenden, mein Angesicht verhüllt' ich nicht vor Beschimpfungen und Speichel." Er kam in sein Eigentum und die Seinen nahmen ihn nicht auf. Aber noch wird es dahin kommen, daß sie den Verkannten, ja tödlich Gehaßten und Verfolgten, als ihren Heiland erkennen 53, 4. 5: „Fürwahr, unsere Krankheiten hat er getragen, und unsere Schmerzen hat er sich aufgeladen, wir aber achteten ihn für einen von Strafgeschick Betroffenen, einen Geschlagenen Gottes und mit Leiden Belegten, während er doch durchbohrt war von wegen unserer Frevel, zermalmt von wegen unserer Missethaten; die Strafe uns zum Frieden lag auf ihm und durch seine Striemen ward uns Heilung."

Wer ist dieser Durchbohrte? Doch nicht Israel?! Denn Israel als Volk beichtet ja hier, daß es ihn, der ihnen zu gut Leiden bis zum Tode auf sich nahm, für einen Gottgestraften hielt, wie Hiob von seinen Freunden wegen seiner absonderlich großen Leiden für einen ausnehmend großen Sünder gehalten ward. Wenn der Knecht Gottes, der von seinem Volk verkannte, die Personifikation einer Mehrheit ist, so kann er doch nur Personifikation derer sein, welche an dem Heil ihres Volkes arbeiteten und diesem Berufe ihr Leben zum Opfer brachten. Ein solcher Knecht Gottes war Jeremia, der, wie glaubwürdig berichtet wird, in Ägypten den Märtyrertod von seinen eigenen Volksgenossen erlitten hat. Aber dieser Jeremia, und wenn es andere seinesgleichen gab, war doch nur ein Vorbild des unvergleichlich großen Dulders, den der Eifer um das Haus Gottes verzehrte und der fürbittend für sein verblendetes Volk am Kreuze seinen Geist aufgab. Als Pilatus ihn freigeben wollte, aber daran gewaltsam verhindert ward, da nahm die fanatisierte Volksmenge die ganze Verantwortung auf sich, indem sie ihm zuschrie: Sein Blut komme über uns und unsere Kinder! (Matth. 27, 25). Ist es doch vielleicht diese Blutschuld, die dereinst vom jüdischen Volke als eine seinem Herzen und Gewissen allzuschwere Last empfunden werden wird, die Nationalsünde, für die es, zum Glauben gelangt, Vergebung erflehen und finden wird? —

Eins der letzten Worte Jesu an sein Volk, als er aus der Öffentlichkeit zurücktrat, lautete: "Jerusalem, Jerusalem, die du tötest die Propheten und steinigest die zu dir gesandt sind, wie oft habe ich deine Kinder versammeln wollen wie eine Henne versammelt ihre Küchlein unter ihre Flügel, und ihr — habt nicht gewollt! Siehe, euer Haus soll euch wüste gelassen werden, denn ich sage euch: Ihr werdet mich von jetzt an nicht sehen, bis ihr sprechet: Gelobet sei, der da kommt im Namen des HErrn!" (Matth. 23, 37 ff.). Brüder aus Israel, ihr kennt ja doch die Ansicht eurer Altvordern: קללת חכם אפילו בחנם היא באה „Der Fluch eines Weisen, selbst wenn mit Unrecht ausgesprochen, trifft ein" (Berachoth 56 a). Diese Ansicht ist überspannt, denn ein unberechtigter Fluch, wenn auch von dem größten Schriftgelehrten ausgesprochen, ist in den Wind geredet. Aber daß das Drohwort aus dem Munde eines in Gott lebenden und aus der Gemeinschaft mit Gott heraus redenden Menschen nicht wirkungslos ist, das bestätigt die Erfahrung. Und da jener Drohung Jesu wirklich zwei Jahrzehnte später die Einäscherung des Tempels und die Auflösung des jüdischen Staates gefolgt ist, sollte da nicht zwischen der Drohung und dem Eintreffen des Gedrohten ein innerer Zusammenhang bestehen? —

In den Sprüchen der Väter (Aboth V, 9) wird unter den Hauptsünden, welche Galuth — die Vertreibung aus dem Vaterlande — nach sich ziehen, auch Blutvergießen (שפיכות דמים) genannt. Das unschuldige Blut, womit König Manasse Jerusalem von einem Ende bis zum andern anfüllte, machte das Maß der Sünden voll, deren Strafe das babylonische Exil war. Aber dieses Exil währte doch nur nach runder Jahrziffer 70 Jahre, während jetzt das jüdische Volk nun schon seit 1800 Jahren des Landes seiner Väter verlustig gegangen ist. Und doch ist dieses seit Vespasian und Titus unter fremder Herrschaft stehende Land ihm zu ewigem Besitz verheißen, ja zugeschworen. Wie ist das zu erklären? Es ist nur zweierlei möglich. Entweder gehört jene Verheißung, welche sich durch alle Teile des Alten Testaments hindurchzieht, dem Bereiche des Mythus an, oder das Verhalten Israels seit nun 1800 Jahren macht es Gotte unmöglich, sie wieder in den verheißungsgemäßen Besitz des Verlorenen zu setzen. Die Prophetie hat diese lange Vaterlandslosigkeit vorausgeschaut. Wenn die in alle Welt Verschlagenen die Ursache erkennen und in sich gehen werden, dann wird ihnen, wie 5. Mos. 30, 1—8 verheißen ist, das Land der Väter zurückgegeben werden. Sind denn aber die synagogalen Gebete, besonders die in den ימים נוראים (von Neujahr bis zum Versöhnungstag) erschallenden, nicht voll tief aufseufzender Sündenbekenntnisse und flehentlicher Anrufung der göttlichen Gnade? Es ist wahr, aber die jahrtausendlange Dauer des Exils ist unerklärlich ohne die Annahme, daß auf dem armen Volke trotz der Mark und Bein erschütternden Rufe zu seinem Gott der Bann einer unerkannten Sünde lastet, welche ihn verhindert, ihrem Elende abzuhelfen.

Demjenigen, der das Christentum als die göttliche Fort=
setzung und Vollendung der Religion Israels erkannt
hat, werden sich Bestätigungen in Hülle und Fülle aus Thora,
Propheten und Kethubim aufdrängen; aber diese Bestätigungen
sind keine Beweise für den noch fern Stehenden, und ich verzichte
bei den Gewissensfragen, die ich an den jüdischen Leser richte,
auf solche Beweise, welche für ihn, den noch nicht gläubigen,
ohne Beweiskraft sind. Dagegen gehe ich von Voraussetzungen
aus, welche dem gläubigen Israeliten mit dem gläubigen Christen
gemeinsam sind, vor allem von den zwei Voraussetzungen, daß
es eine Geschichte der Offenbarung Gottes d. h. freier Thaten
und Mitteilungen Gottes giebt, durch die er in den natürlichen
Entwickelungsverlauf eingreift, und zweitens, daß die Prophetie
eine Wirkung göttlicher Offenbarung ist, indem die Weissagungen
nicht aus natürlicher Kombination, sondern aus göttlicher Er=
leuchtung hervorgehen. Wenn es keine Geschichte göttlicher
Offenbarung giebt, so hat der Antisemitismus recht, daß das
Bewußtsein Israels, das auserwählte, d. h. zum Träger gött=
licher Offenbarung für die Welt bestimmte Volk zu sein, nichts
als Größenwahn eingebildeten Nationalstolzes sei. Und wenn
es keine auf Inspiration des Geistes Gottes beruhende Pro=
phetie giebt, so sind alle die Thatsachen, in welchen das Christen=
tum alttestamentliche Weissagungen erfüllt sieht, z. B. daß der
gute Hirte bei Sacharja von dem undankbaren Volke mit
30 Silberlingen abgelohnt wird (11, 12), und daß in 30 Sil=
berlingen der Verräterlohn des Judas Ischariot bestand, ein

bloßes Spiel des Zufalls. Der Israelit, der von solchen negativen Voraussetzungen ausgeht, wird sich des Christentums erwehren, indem er seiner eigenen Religion die göttlichen Grundlagen entzieht — er ist כופר בעקר, indem er die göttliche Wurzel des Judentums und ebendamit zugleich des Christentums untergräbt und durchschneidet.

Gesetzt nun aber, daß wir beide, mein jüdischer Leser und ich, darin einig sind, daß wir Gottes Hand in Geschichte und Prophetie anerkennen, werde ich mich hüten, ihm, wie dies so häufig bisher geschehen ist, Stellen aus den Propheten entgegenzuhalten, deren Auslegung streitig ist. Ich werde mich nicht auf 1 Mos. 49, 10. dafür berufen, daß der Schilo (Messias) in einer Zeit kommen sollte, wo Juda die Königsherrschaft verloren hat; ich halte diese Auffassung der Stelle für unrichtig und die Erfüllung wäre nicht einmal zutreffend, denn Jesus ist unter der Herrschaft der herodeischen Dynastie erschienen, welche zwar eine von Haus aus edomitische, aber doch der Religion nach jüdische war; das Volk rief nach Sota 41ª dem Könige Agrippa, als er weinend 5. Mos. 17, 15 vorlas, begütigend zu: אחינו אתה אחינו אתה (du bist ja doch unser Bruder), und er war auch wirklich ihr Bruder, da die Edomiter schon vor beinahe 200 Jahren, als der hasmonäische König Johannes Hyrkan sie unterworfen hatte, durch die Beschneidung dem jüdischen Volke einverleibt worden waren. Noch weniger läßt sich aus den 70 Wochen Daniels in Kap. 9 überzeugend beweisen, daß Jesus der Messias (Christus) sei, weil, als er aus dem Wege geräumt und dann Jerusalem zerstört wurde, 7 + 62 Wochen, d. i. Jahrsiebente, verflossen waren; denn erstens ist es sehr fraglich, ob Luthers Übersetzung von Dan. 9, 26 „Und nach den zweiundsechzig Wochen wird Christus ausgerottet werden und nichts mehr sein" richtig ist; משיח kann auch Amtsname des Hohenpriesters sein, der gewaltsam beseitigt wird, und zweitens gelangt man, wenn man die $69 \times 7 = 483$ Jahre zurückrechnet, zu keinem epochemachenden Anfangstermin. Die 70 Wochen Daniels sind ein Rätsel, welches noch der Lösung wartet, weil sich herausgestellt hat, daß Antiochus Epiphanes noch nicht der schließliche Erzfeind der Gemeinde Gottes gewesen ist und nach seiner Beseitigung noch nicht die schließliche Erlösung, sondern nur ein Vorspiel derselben eingetreten ist.

Die prophetische Fernsicht unterliegt dem Gesetz der Perspektive, das Ende rückt für sie mit der nächsten Zukunft zusammen, und wenn das Nächstkünftige erreicht ist, zeigt sich eine zwischen diesem und dem Ende liegende Zeitkluft, indem, was für den Fernblick zusammenschrumpfte, nun langhin sich ausdehnt. Die Propheten der Exilszeit verbanden mit dem Ende des Exils und die Gläubigen der Seleucidenzeit verbanden mit dem Ende der von Antiochus Epiphanes ausgegangenen Drangsal überschwengliche Hoffnungen, die sich, als dieses Ende eintrat, nur ungenügend erfüllten. Zur Unehre der Prophetie gereicht das nicht, es ist so Gottes Ordnung, daß Fernsicht und Kurzsicht, Göttliches und Menschliches in ihr gemischt sind.

In Einem Punkte aber stimmen die Propheten der Exilszeit zusammen: sie kennen nur zwei Tempel, den salomonischen (בית ראשון), welchen die Chaldäer zerstört haben, und einen zweiten (בית שני), den nachexilischen. Auch der Tempel Ezechiels ist nicht ein dritter steinerner Tempel, welcher in der Endzeit errichtet werden soll, wenn (was nirgends gesagt wird) der zweite gleichem Geschick verfallen sein wird wie der erste, sondern er ist ein Ideal, dessen Verwirklichung der Prophet von der nachexilischen Zeit erhofft, wenn Israel sich bekehrt (43, 10. 11) und in der Gesamtheit seiner Stämme mit wiederverjüngter erster Liebe in das Land seiner Väter zurückgekehrt sein wird — eine Vorbedingung, die sich nicht erfüllt hat. Der Abschnitt Ez. Kap. 40—48 ist eine unerfüllte Weissagung und

wegen seiner Widersprüche mit der vor= und nachexilischen Got=
tesdienstordnung für die Synagoge ein so ungelöstes Rätsel,
daß der Talmud sagt, daß die Auslegung dieses Abschnittes
dem Elia vorbehalten bleibt (פרשה זו עתיד אליהו לדרשה) und
daß man das Buch Ezechiel wegen dieses Abschnittes apokry=
phieren wollte, daß aber ein gewisser Chananja sich mit einem
Lager von 300 Fässern Öl auf sein Studierzimmer zurückzog
und die Widersprüche des Abschnittes mit der Thora glücklich
hinweginterpretierte (Chagiga 13ᵃ). Das wird behauptet, aber
nirgends werden Proben der erwiesenen Harmonie gegeben, und
nirgends erscheint dieser Tempel als Ziel israelitischer Hoff=
nung. Es ist eben kein dritter Tempel, sondern der zweite, wie
er nach Ezechiel werden sollte, aber nicht geworden ist.

Als ein Teil der Exulanten mit Erlaubnis des Cyrus
unter Serubabel, dem Fürsten, und Josua, dem Hohenpriester,
in das Vaterland zurückgekehrt war, wurde im 2. Jahre der
Rückkehr 534 der Grundstein eines neuen Tempels gelegt; der
Bau kam ins Stocken, wurde aber im 2. Jahre des Darius
Hystaspis 520 wieder aufgenommen. In diesem 2. Jahre des
Darius traten Haggai und Sacharja auf. Beide weissagen,
daß der Anbruch der messianischen Zeit angesichts dieses Tem=
pels geschehen werde. Größer, sagt Haggai 2, 9, wird die
schließliche Herrlichkeit dieses Hauses werden als die anfängliche,
spricht der HErr der Heerscharen, und an dieser Stätte werde
ich Frieden geben, spricht der HErr der Heerscharen. Und bei
Sacharja 3, 8 heißen Josua und die ihm untergebenen Priester
„Männer des Vorbilds, denn siehe, ich bringe herbei meinen
Knecht Zemach." Das ist seit Jes. 4, 2; Jer. 23, 5; 33, 15
Name des Messias als des Sprosses Davids, der von Niedrig=
keit zu Herrlichkeit erwächst und Heil und Herrlichkeit um sich
her verbreitet. In Kap. 6 soll der Prophet dem Hohenpriester
Josua „Kronen" aufs Haupt setzen, damit dieser das Künftige

im Bilde darstelle: „Siehe ein Mann, Zemach mit Namen, und aus seinem Boden (dem heimischen) wird er sprossen und bauen des HErrn Tempel. Und Er wird bauen des HErrn Tempel, und Er wird Hoheit überkommen und herrschen auf seinem Thron und wird Priester sein auf seinem Thron, und wird ein Vertrag des Friedens sein zwischen ihnen beiden (nämlich dem Priester und König, d. i. den beiden jetzt auseinanderfallenden Ämtern)." Jetzt, wo diese Weissagung ergeht, war der Bau des zweiten Tempels mit Genehmigung des Darius wieder in Angriff genommen. Man sah es ihm an, daß er an Pracht weit zurückstehen werde hinter dem salomonischen. Aber er wird mit um so herrlicheren Verheißungen geschmückt. Er wird eine Stätte des Friedens werden, der Friede-Fürst, König und Priester in Einer Person nach der Weise Melchisedeks, wird zur Zeit dieses zweiten Tempels erscheinen. Im 6. Jahre des Darius 506 war der Bau vollendet. Unter diesen Umständen kann der Tempel, den der Zemach baut, der Davidssohn, welcher das Endziel der Verheißung 2. Sam. Kap. 7 ist, kein dritter steinerner Tempel sein. Die Geschichte bewegt sich vorwärts, nicht rückwärts. Was aber für ein Tempel? — Wenn Jesus der Christus ist, so liegt eine Hindeutung darauf in der Antwort, die er giebt, als er die Wechsler und Opfertierhändler aus dem Tempel hinausgetrieben und aufgefordert wird, einen Beweis für seine Berechtigung zu geben. Die Antwort, die er gab, war seinen Jüngern selber rätselhaft. Brechet diesen Tempel ab, sagte er, und am dritten Tage will ich ihn wieder aufrichten (Joh. 2, 19). Auch hier ist der Tempel, der an die Stelle des nachexilischen, von Herodes restaurierten Tempels treten soll, keinesfalls ein steinerner.

Gesetzt, daß der Tempel, den der Zemach bauen wird, ein dritter steinerner Tempel wäre, müßte man annehmen, daß das Erscheinen des Zemach in eine Zeit fallen soll, in welcher der zweite Tempel der Zerstörung verfallen ist. Aber das stünde im Widerspruch mit Maleachi, dem letzten der drei nachexilischen Propheten, welcher 3, 1 weissagt: „Siehe, ich sende meinen Boten und er bahnt den Weg vor mir her, und plötzlich wird kommen zu seinem Tempel der Herr, den ihr suchet, und der Bote des Bundes, siehe er kommt, spricht der HErr der Heerscharen." Hier werden drei Personen unterschieden: der bahnbrechende Bote, nämlich Elia, wie er weiterhin genannt wird; der Herr, d. i. Gott, und der Bote des Bundes, d. i. der Mittler des von den Propheten (Jer. 31, 31; Jes. 42, 6; 49, 8) verheißenen neuen Bundes; die Vorstellung ist doch wohl die, daß das Kommen dieses Bundesmittlers mittelbar das Kommen des Herrn selbst ist. Das aber, worauf es uns hier ankommt, ist nur dies, daß der Tag des HErrn, welcher Gericht und Heil zum Vollzuge bringt und mit welchem die Zeit eines neuen Bundes anhebt, in die Zeit des zweiten Tempels fallen soll. Der zweite Tempel ist nun aber seit über anderthalb Jahrtausenden dermaßen von dem heiligen Berge verschwunden, daß kein Stein auf dem andern geblieben. Sollte sich also doch vielleicht dasjenige bereits längst erfüllt haben, was Du, lieber jüdischer Leser, noch als künftig erwartest? Ist nicht doch vielleicht jener Jesus, welcher mit den Worten: Euer Haus wird euch wüste gelassen werden, sich in seinen Jüngerkreis zurückzog, der von Sacharja geweissagte צמח, der von Maleachi geweissagte מלאך הברית? Ist nicht wirklich mit ihm eine neue Weltzeit angebrochen, in welcher, so wie Maleachi 1, 11 es gegenwärtig schaut, das Reich Gottes von den Nächstberechtigten auf die Heiden übergegangen ist? Das sind Gewissensfragen, die jeder Israelit, dem Wahrheit mehr als Gewohnheit gilt, sich vor Gottes Angesicht vorlegen sollte.

Es ist also ein geistlicher Tempel aus lebendigen Steinen, den, wie die Weissagung Sacharja's in Aussicht stellt, jener Zemach bauen wird, welcher priesterliche und königliche Würde in sich vereinigt. Die Gemeinde des neuen Bundes, dessen Mittler der von Maleachi vorher verkündigte gottgesandte Bote ist, sie ist dieser geistliche Tempel. Denn sie ist eine zunächst zwar aus Israel gesammelte, aber weiterhin mit Durchbrechung der nationalen Schranke sich über alle Völker erstreckende Gemeinde, keine durch Bande des Blutes zusammengehaltene Volksgemeinde, sondern eine durch gleiche Gemeinschaft mit dem Gotte der Offenbarung verbundene Geistesgemeinde. Der alte Bund ist aufgehoben, nachdem sich ausgewiesen, daß er unzureichend sei, den Ratschluß Gottes, welcher der Menschheit gilt, zu verwirklichen. Die nationale Bevorrechtung hat aufgehört, nachdem sie ihren vorbereitenden Dienst gethan. Das Gesetz Israels ist ein Volksgesetz und als solches ungeeignet, Lebensordnung einer Gemeinde aus allen Völkern zu werden. Es war eine Vorstufe und ist nun, seitdem Christus erschienen, ein überwundener Standpunkt. Schon die Propheten und die Psalmensänger und die Verfasser der sogenannten Weisheitsbücher (ספרי חכמה) betonen das Wesentliche in der Religion des Gesetzes, entwerten den äußerlichen Vollzug des Ceremonialgesetzes, fordern statt der blutigen und pflanzlichen Opfer Selbstopferung des inneren Menschen und reduzieren den eigentlichen Gotteswillen, dessen Strahlenbrechung die ceremoniellen Vorschriften sind, auf das wahrhaft und unmittelbar Religiöse. Sie bahnen dasjenige an, was im Christentum zum Ziele gekommen: die Entschränkung, Vertiefung und Verallgemeinerung der Religion des Gesetzes.

Freilich würde das Judentum sich mit Recht abwehrend gegen das Christentum verhalten, wenn das mosaische Gesetz eine schlechthin unabänderliche Gottesoffenbarung wäre. Mai-

monides behauptet das, aber nicht ohne daß ihm von anderen
jüdischen Dogmatikern wie Isaak Albo widersprochen wird: Gott
selbst kann unter veränderten Zeitverhältnissen Abänderungen
des ursprünglich Gebotenen eintreten lassen. Ein Beweis dafür
ist ja schon das Verhältnis der deuteronomischen Gesetzgebung,
die sich aus dem 40. Jahre nach dem Auszug datiert, zu der
Sinai=Gesetzgebung des ersten Jahres. Daß der ebräische
Knecht im 7. Jahre frei ausgehen soll 2. Mos. 21, 2 wird
5. Mos. 15, 12 auch auf die ebräische Magd ausgedehnt. Daß
Menschendiebstahl mit dem Tode bestraft werden soll 2. Mos.
21, 16 wird 5. Mos. 24, 7 auf den Fall beschränkt, daß der
Gestohlene und als Sklave Verkaufte ein Volksgenosse ist.
Während nach 3. Mos. 17, 3 kein opferbares Tier anderwärts
als beim Stiftszelt geschlachtet werden darf, wird in 5. Mos.
Kap. 12 Schlachten für den Hausbedarf überall ohne Unter=
schied des Ortes freigegeben. Und wie ist die alte Vorschrift,
daß, wo immer Gott sich gegenwärtig bezeugt, ein schlichter
Altar aus Erde oder unbehauenen Steinen und ohne Stufen=
aufgang errichtet werden soll 2. Mos. 20, 24 ff., durch die Er=
richtung der Stiftshütte und des Kupferaltars (מזבח הנחשת)
des Vorhofes überholt und durch die deuteronomische Forde=
rung eines Centralheiligtums als ausschließliche Opferstätte be=
schränkt! Es sind das nur einige Beispiele, welche sich leicht
durch andere aus der im Pentateuch vorliegenden Festgesetz=
gebung vermehren ließen. Die Namen der Feste, die Zahl der
Hochfeiertage, die Opfervorschriften — alles hat sich im Laufe
der Zeit modifiziert. Wenn nun innerhalb der pentateuchischen
Zeit die Gesetzgebung Wandelungen erleidet, warum sollen Wan=
delungen, welche göttliche Autorität für sich beanspruchen können,
in nachpentateuchischer Zeit ausgeschlossen sein!

Die Propheten beweisen das Gegenteil. Das Gesetz 5. Mos.
23, 2 schließt jederlei Entmannten von der Gemeinde des HErrn

aus; der Prophet aber Jes. 56, 3—5 durchbricht diese Schranke
des Gesetzes und tröstet die aus Babylonien heimkehrenden Ver-
schnittenen mit der Verheißung vollberechtigter Mitgliedschaft.
Man wird einwenden, daß, wenn auch dergleichen Modifika-
tionen in Einzelheiten zulässig sein mögen, doch gänzliche Aufhebung des Ceremonialgesetzes undenkbar sei. Aber für die
Propheten besteht diese Undenkbarkeit nicht. „Womit soll ich
vor den HErrn hintreten — sagt Micha 6, 6—8 —, mich
beugen vor dem Gotte der Höhe? Soll ich vor ihn hintreten
mit Brandopfern, mit einjährigen Kälbern? Hat der HErr Ge-
fallen an Tausenden von Widdern, an Myriaden von Bächen
Öles? Soll ich geben meinen Erstgeborenen für meine Frevel,
die Frucht meines Leibes für die Sünde meiner Seele? — Er
hat dir kund gethan, o Mensch, was gut ist, und was der HErr
von dir fordert: nichts als das Rechte thun und Leutseligkeit
lieben und demütig einher zu gehen mit deinem Gott." Und
Jeremia sagt angesichts des werkheiligen Opferdienstes seines
Volks 7, 22. 23: „Ich habe zu euren Vätern nicht geredet und
ihnen nicht Befehl gethan am Tage ihrer Ausführung aus
Ägyptenland in Sachen darzubringender Brand- und Schlacht-
opfer, sondern dies, nur dies habe ich ihnen geboten: Höret auf
meine Stimme, so will ich euer Gott sein und ihr sollt mein
Volk sein." Das sind Aussprüche, welche wie Anticipationen
der künftigen Aufhebung des Ceremonialgesetzes lauten.

Anders freilich Ezechiel, welcher in Kap. 40—48 ein neues
Ceremonialgesetz aufstellt, nämlich für das aus den Ländern des
Exils heimgekehrte Gesamtisrael. Das neue kirchliche und poli-
tische Gemeinwesen, das er uns schildert, hat sich nicht verwirk-
licht, die Bedingungen der Verwirklichung sind unerfüllt geblieben.
Aber schon dadurch ist dieser Abschnitt im Kanon von hoher
Bedeutung, daß er ein thatsächlicher Beweis gegen die starre
Unabänderlichkeit der mosaischen Thora ist.

Der Midrasch sagt öfter, daß der Heilige, gebenedeit sei Er, durch den Messias eine neue Thora geben wird. Das Neue dieser Thora besteht in dem erschlossenen Sinn und Geist der alten. Entspricht nicht der Bergprediger diesem Zukunftbilde? Und ein anderes Midraschwort lautet: In den Tagen des Messias werden alle Opfer aufhören, außer dem Opfer des Dankes (חוץ מקרבן התודה). Ist nicht doch vielleicht Jesus jener Knecht Gottes, welcher, wie Jes. 53, 10 geweissagt ist, sich selbst als Schuldopfer (אשם) für sein Volk opfern wird? —

Jüdische Kenner des Neuen Testaments werden sich für die Unabänderlichkeit des Gesetz vielleicht auf den Ausspruch Jesu in der Bergpredigt berufen Matth. 5, 17: Ihr sollt nicht wähnen, daß ich gekommen bin, das Gesetz oder die Propheten aufzulösen — ich bin nicht gekommen aufzulösen, sondern zu erfüllen. Es ist der Ausspruch, der auch im Talmud Schabbath 116ᵇ zitiert wird, aber in unzutreffender Wiedergabe: Ich bin nicht um abzudingen (למיפחת) vom Gesetze Moses gekommen, sondern hinzuzufügen (לאוספי) zum Gesetze Moses bin ich gekommen. Der rechte Sinn ist auch in dieser Entstellung des Wortlauts noch zu erkennen. Weit entfernt, dem geoffenbarten Gesetze Abbruch thun und ihm sein göttliches Ansehen absprechen zu wollen, will er, im Gegensatz zu einer am Buchstaben haftenden und an dessen äußerlichem Vollzug sich genügen lassenden Beobachtung des Gesetzes, die das Gesetz bei seiner Wurzel erfassende tiefinnerliche wahre Verwirklichung desselben lehren und ermöglichen, welche als Gottes eigentlicher Wille, Gottes letzte Absicht ihm zu Grunde liegt. Wie er Erfüller der Prophetie ist, indem seine Person und sein Werk das von den Propheten Geweissagte verwirklicht, so ist er Erfüller des Gesetzes, indem er als Mittler in Wort und That Verwirklichung des von Gott, dem Gesetzgeber, endgültig Bezweckten schafft.

Daß die äußerlichen ceremoniellen Vorschriften des Gesetzes, indem er sie auf ihren Kern und Geist zurückführt, in Wegfall kommen werden, ist seinen Worten nicht zu entnehmen.

Im Gegenteil anerkennt er die dermalige Verbindlichkeit des ganzen Gesetzes, indem er Vers 19 hinzufügt: „Wer eines von diesen kleinsten Geboten auflöset und lehret die Leute also, der wird der Kleinste heißen im Himmelreich; wer es aber thut und lehret, der wird groß heißen im Himmelreich." Das Himmelreich ist ein und dasselbe mit dem Messiasreich, es ist die neue Welt- und Lebensordnung, die ihr Centrum und ihr Haupt hat an ihm, dem erschienenen Christus. Dieses Himmelreich tritt nicht mittelst jähen Abbruchs der alten Welt- und Lebensordnung ins Dasein, und wer sich selbstwillig auch nur von der kleinsten der Vorschriften des geoffenbarten Gesetzes entbindet, dem gereicht es zur Unehre.

Anders konnte Jesus während seines Wandels und Wirkens hienieden sich nicht aussprechen; denn, wie Paulus an die Galater 4, 4. 5 schreibt, da die Zeit erfüllet ward, sandte Gott seinen Sohn, geboren von einem Weibe und unter das Gesetz gethan. Er war der leibliche Sohn einer jüdischen Mutter, der legitime, obwohl nicht leibliche Sohn eines jüdischen Vaters, durch die Beschneidung der Gemeinde Israel einverleibt und in die Gemeinschaft ihrer Rechte und Pflichten aufgenommen — er nimmt zwar diejenigen seiner Jünger, die sich über die rabbinische Satzung von der Händewaschung vor der Mahlzeit hinwegsetzen, in Schutz Marc. 7, 6. 7, verteidigt sie, als sie am Sabbat Ähren ausraufen, um ihren Hunger zu stillen Marc. 2, 23 ff., und nimmt für sich selbst die Freiheit in Anspruch, Werke der Menschenliebe auch am Sabbat zu üben; aber nirgends lesen wir, daß er das Sabbatgebot oder irgend ein Gebot des mosaischen Gesetzes für unverbindlich erklärt und gegen den Wortlaut, Sinn und Geist desselben gehandelt hätte. Sein Verhältnis zum Gesetz ist freilich nicht das der Pharisäer, sondern das der Propheten. Wenn er sagt: Nicht was zum Munde eingehet, sondern was zum Munde ausgehet, das verunreinigt den Menschen (Matth. 15, 11), so entbindet er damit weder sich noch seine Jünger (vgl. Apostelg. 10, 14 mit Ezech. 4, 14) von der Beobachtung der Speiseverbote, sondern er will damit sagen, daß die verunreinigende Wirkung verbotener Speisen so gut wie keine sei im Vergleich mit der verunreinigenden Wirkung faulen Geschwätzes und gottloser, unsittlicher Reden. Es ist ähnlich, wie wenn der Prophet Jes. Kap. 58 sagt, nicht das sei gottgefälliges Fasten, wenn man seinem Leibe übel thut und auf einem Sack und in der Asche lieget, sondern dies, daß man dem Hungrigen sein Brot breche und die, so im Elend sind, in sein Haus führe. Und wenn er den Pharisäern, die ihm seinen Verkehr mit Zöllnern und Sündern verübeln, zuruft: Gehet hin und lernet, was es sei: Ich habe Wohlgefallen an Barmherzigkeit und nicht an Opfer (Matth. 9, 13), so bestätigt er ein altes Prophetenwort Hos. 6, 6, welches er zu einem seiner Lieblingsworte gemacht hat. Er hebt damit nicht die Pflicht auf, in gewissen Fällen vorschriftsmäßige Opfer zu bringen, denn dem gereinigten Aussätzigen sagt er (Matth. 8, 4): Gehe hin, zeige dich dem Priester und opfere die Gabe, die Moses befohlen hat, und den, welcher sich mit seinem Bruder verfeindet hat, verpflichtet er, sich mitten in der Darbringung seines Opfers zu unterbrechen, bis er sich zuvor mit seinem Bruder versöhnt hat (Matth. 5, 23f.). Er läßt also den Opferdienst gelten, erklärt aber das äußere Opfer für wertlos vor Gott, wenn sich damit nicht Opferung des widergöttlichen lieblosen Eigenwillens verbindet. Er war ein Mitglied des Volkes, in dessen Namen alle Morgen und Abende und an Festen im Tempel geopfert wurde. Sünd- oder Schuldopfer für sich in Person darzubringen fühlte er sich nicht verpflichtet, denn er mußte sich sünd- und schuldlos. Aber auch daß er an den drei Wallfahrtsfesten nach der alten Gesetzesvorschrift (2. Mos. 23, 15; 34, 20) mit einer persönlichen Opfergabe (der sogenannten Chagiga) vor Gott erschienen sei, wird nirgends berichtet. Die Halbsekel=Steuer zahlte er, um nicht Ärgernis zu geben, obwohl er sich im Bewußtsein seines sohn= schaftlichen Verhältnisses zu dem Herrn des Tempels steuerfrei wußte (Matth. 17, 24 ff.), aber Opfer für sich darzubringen vermochte er nicht, denn der Gedankeninhalt seines Innern war, was Ps. 40, 7—9 sagt: „Schlacht= und Speisopfer begehrst Du nicht, Ohren hast Du mir gegraben, Brand= und Sündopfer verlangst Du nicht. Da sprach ich: Siehe, ich komme mit der Rolle des Buchs, des über mich geschriebenen. Zu thun Deinen Willen, mein Gott, begehr' ich, und Dein Gesetz ist inmitten meines Innern."

Er war unter das Gesetz gethan, unter das Gesetz nach allen seinen Beziehungen, eingeschlossen dessen ceremonielle und auf Äußerlichkeiten des Lebens bezügliche Satzungen, denn so war es Gottes Ratschluß, daß er, selber dem Gesetz untergeben, sein Volk von dem Zwange und der Schranke und dem Fluche des Gesetzes erlösete. Er war unter das Gesetz gethan, setzte aber zugleich das Werk der Propheten fort, indem er diejenigen Satzungen des Gesetzes, welche sich bei völlig ungebrochenem und ungeheiligtem Herzen buchstäblich erfüllen lassen, gegen die dem Menschen als Menschen geltenden sittlich=religiösen Forde= rungen zurückstellte und diese verinnerlichte und vertiefte. Das Gesetz sollte sich in ihm aus= und ableben und sich selbst das Todesurteil sprechen, indem Eifer um das Gesetz ihn bis in den Tod verfolgte. Auf den Buchstaben des Gesetzes pochen= der pharisäischer Rigorismus war es, der sein Dringen auf den Geist des Gesetzes als Abfall vom Gesetze verurteilte und sich bis zur Lästerung des heiligen Geistes, der durch ihn redete und wirkte, fortreißen ließ. Und ist es nicht auch noch heute so, daß das Reformjudentum, welches sich dem Gesetze gegen= über auf den prophetischen Standpunkt stellt, die geistige Größe, die sittliche Reinheit, das edle Streben Jesu anzuerkennen willig ist, während das sogenannte orthodoxe Judentum, wenn es ihn zu nennen genötigt ist, ihn mit der Verwünschung: Ausgelöscht werde sein Name und Gedächtnis (ימח שמו וזכרו) von sich fern hält?

Er war unter das Gesetz gethan bis in den Tod hinein, aber nachdem er durch den Tod hindurch in das Leben der Verklärung eingegangen, ist er über die Bedingtheit durch das Nationalgesetz, wie überhaupt über die Zugehörigkeit zu einer besonderen Nation hinausgerückt; die Thora, die von ihm, dem erhöheten Gottes= und Menschensohne, durch Vermittelung des Geistes der Pfingsten nach dem Todes= und Auferstehungs= Passah geoffenbart ward, ist jene für die ganze Menschheit be= stimmte Thora, von welcher bei Micha und Jesaia geweissagt wird (Micha 4, 2; Jes. 2, 3): „Von Zion [wie vordem vom Sinai] wird eine Thora ausgehen und des HErrn Wort von Jerusalem", und auf welche nach Jes. 42, 4 die Inseln (d. i. die fernen Heidenländer) harren. „Das Gesetz — sagt Paulus Gal. 3, 24. 25 — ist unser Zuchtmeister gewesen auf Christum, daß wir durch den Glauben gerecht würden; nun aber der Glaube gekommen ist, sind wir nicht mehr unter dem Zuchtmeister." Der Apostel hat den August des Jahres 70 nicht erlebt, in welchem der Wille Gottes, daß das Volksgesetz dem Mensch= heitsgesetze, auf das es erzieherisch vorbereitet hat, zu weichen habe, durch das über den Tempel Jerusalems verhängte Feuer= gericht bekräftigt wurde. Ein großer Teil des Ceremonial= gesetzes ist seitdem außer Kraft gesetzt. Eine Menge von Ge= boten, welche an den Boden des heiligen Landes oder an den Tempel gebunden sind, konnte und durfte fortan nicht in Aus= führung gebracht werden. Die ganze Opferthora, welche das Herz des Ceremonialgesetzes, war lahm gelegt, denn die legitime Opferstätte war eingeäschert und obendrein war der Tempelberg nicht mehr israelitischer Besitz. Und nicht bloß Jahrzehnte lang, wie zur Zeit des babylonischen Exils, währt dieser Zustand, sondern nahezu zwei Jahrtausende. Das hat doch ganz das Aussehen einer Abthuung für immer. Und in der That hat die durch das Christentum geschaffene neue Weltanschauung den blutigen Opferdienst auch im jüdischen Bewußtsein für immer gerichtet. Holdheim, der berühmte Begründer des Reformjudentums, sagt in seiner Schrift über das Ceremonialgesetz im Messiasreich 1845, S. 40: „Im messianischen Reiche kann von einem Opferritus nicht die Rede sein, da derselbe schon heute jedem echten Glaubensbewußtsein im höchsten Grade widerstrebt." Eine Bestätigung dafür sieht er darin, daß auch das orthodoxe Judentum es an jedem Versuche fehlen läßt, sich wieder die Möglichkeit der Opferdarbringung zu verschaffen, obwohl es behauptet, daß dem Tempel auch im Stande der Zerstörung die alte Heiligkeit verbleibe (אע"פ שחרב בקדושתו עימד); man brauchte also nur ein Stück vom Areal des Tempelbergs zurückgewinnen, um die Opferthora wieder ins Werk zu setzen. Aber kein Montefiore, kein Crémieux, kein Rothschild hat je einen darauf abzielenden Versuch gemacht. Denn kein Gebildeter, d. i. auf der gegenwärtigen Stufe der Bildung Stehender wünscht die Wiederherstellung eines Heiligtums, welches von dem Geröchel verendender Tiere wiederhallt und dessen Fußboden wie der eines Schlachthofes in Blute schwimmt. Die durch das Christentum vergeistigte Religiosität sträubt sich dagegen, auch die jüdische, denn mag sie sich noch so ablehnend gegen das Christentum verhalten, seinem kulturgeschichtlichen Einfluß kann sie sich doch nicht entziehen.

Wir glauben hiermit gezeigt zu haben, daß der Hinfall des nationalen Ceremonialgesetzes, obgleich er von Jesus selbst noch nicht proklamiert werden konnte, doch die innerlich notwendige und von Gott besiegelte Folge seines Auftretens war.

In der Wertschätzung des im Pentateuch kodifizierten Ge=
setzes steht der schriftgläubige Christ nicht hinter dem
schriftgläubigen Israeliten zurück. Er anerkennt den Offen=
barungscharakter dieses Gesetzes und dessen unvergleichliche Er=
habenheit über alle Gesetzgebungen des Altertums. Sogar gegen=
über dem langehin in christlichen Staaten gültigen Recht be=
hauptet es Vorzüge, z. B. im Strafrecht, indem es keine Folter
kennt und von der Todesstrafe jene furchtbaren Mißhandlungen
und Martern ausschließt, welche für gewisse Fälle auch noch
in der von Karl V. erlassenen peinlichen Gerichtsordnung ver=
hängt werden, und in der Volkswirtschaft, indem es durch an=
gemessene Verteilung des Grund und Bodens der Armut wehrt
und durch Sicherung des erblichen Familienbesitzes der Ver=
armung vorbeugt. Mit Recht kann der Gesetzesmittler 5. Mos.
4, 8 fragen: „Wo wäre eine große Nation, die so gerechte
Satzungen und Rechte hätte, wie diese ganze Thora, die ich
euch heutiges Tages vorlege?" Und mit Recht bekennt David
in Pf. 19: „Die Thora des HErrn ist vollkommen (תמימה)" —
sie ist wirklich absolut vollkommen ihren innersten Motiven und
letzten Zielen nach. Aber mit gleichem Rechte müssen wir als
Kinder der durch das Christentum geschaffenen neuen Zeit ein=
räumen, daß sie nur relativ vollkommen ist ihrem Buchstaben
nach. Es ist zwar wahr, daß das Doppelgebot: Du sollst Gott
lieben über alles (5. Mos. 6, 5) und: Du sollst deinen Nächsten
lieben כמוך d. h. als ob du er wärest, als ob du an seiner
Stelle wärest (3. Mos. 19, 18) den Willen Gottes an den Men=

schen als solchen so erschöpfend ausdrückt, daß auch die neutestamentliche Offenbarung diesen Ausdruck nur besiegeln kann
(Marc. 12, 28—34; Röm. 13, 9 f.), aber ebenso wahr ist es, daß
im Zusammenhange der Thora dieses Doppelgebot sich an Israel als Volk richtet (weshalb in dem Gebot der Nächstenliebe
der Nächste der Volksgenosse mit Einschluß des unter Israel
wohnhaften Fremdlings ist 3. Mos. 19, 34) und daß sich um
dieses Doppelgebot, welches die Gebote der ersten und zweiten
Tafel des Dekalogs (עשרת הדברים) in unübertrefflicher Weise
zusammenfaßt, ein System von Satzungen lagert, welche die
Herstellung eines heiligen Volkes, dessen König der Allheilige
ist, bezwecken und demgemäß sich meistens auf Äußerlichkeiten
des Lebens und Verhaltens beziehen. Der göttliche Erziehungs-
plan brachte das mit sich. Die Gründung eines Gottesvolkes
war die notwendige Vorbereitung der Gründung einer Gottes-
gemeinde aus der ganzen Menschheit. Das Verhältnis, in
welches Gott als König zu Israel als seinem erwählten Volke
trat, war die Grundlegung des alle Völker zusammenfassenden
Gottesreiches der Zukunft. Die Verwirklichung des göttlichen
Ratschlusses, welcher auf das Heil der Menschheit abzielt, ging
in die Schranke eines Volkstums ein, nicht damit diese Schranke
bleibe, sondern damit sie, wenn sie ihrem erzieherischen Zwecke
gedient hätte, aufgehoben werde. Das Eingehen in die nationale Schranke hatte aber allerlei dem sittlichen Ideale Wider-
streitendes zur Folge. Das Gesetz als nationales kann sich
nicht der Äußerlichkeit und dem Partikularismus entziehen, womit Nationalität und Staat behaftet sind, und die geistig-sitt-
liche Bildungsstufe des Volkes machte Anbequemungen notwen-
dig, welche auf dem Verzichte des Gesetzgebers beruhen, den
wahren Gotteswillen zu sofortiger voller Geltung zu bringen.
Die Thora akkommodiert sich eingewurzelten Einrichtungen und
Gewohnheiten, wie der Blutrache, der Sklaverei, der Polygamie,

3*

dem Levirat (der Schwagerehe), indem sie sich mit milderndem, beschränkendem, regelndem Eingreifen begnügt, und läßt hier und da, z. B. in den Ehescheidungsgründen, sogar erhebliche Lücken, indem sie das zu Erzielende nach dem gegenwärtig Erreichbaren beschränkt. Im Vergleich mit anderen Gesetzgebungen der alten Welt rechtfertigt sie, ihren göttlichen Ursprung, aber sie hat auch ihre durch die Gesittung und den Bildungsstand ihrer Zeit bedingte menschliche Seite. Sie birgt einen ewigen Kern in zeitlicher Schale. Das Judentum selbst hat das Zeitliche an ihr im Verlaufe der Zeit teils unausführbar, teils der fortgeschrittenen Moralität widersprechend befunden.

Polygamie und Levirat sind ein lehrreiches Beispiel dafür, daß das mosaische Gesetz als spezielle Lebensordnung für Israel nicht Ausdruck des eigentlichen und für alle Menschen gleichen Willens Gottes ist und daß auch die Thora selber dies nicht verhehlt, sondern zu verstehen giebt. Die Ehe ist, wie 1. Mos. 2, 18 ff. gelehrt wird, ein so enges Verhältnis persönlicher Lebensgemeinschaft, daß es sich seinem Wesen und seiner Bestimmung nach nur als Verhältnis von je Zweien, nicht als gleichzeitiges Verhältnis Eines Mannes zu mehreren Frauen oder Einer Frau zu mehreren Männern denken läßt; nur Monogamie (Einehe) ist wahre Ehe, Polygamie (Vielweiberei) widerspricht der Idee der Ehe. Dennoch ist Polygamie im mosaischen Gesetz zugelassen; die althergebrachte Sitte, welche sich auf den Vorgang der Patriarchen berufen konnte, war zu tief eingewurzelt, als daß es daran zu rütteln wagte. Die erbrechtliche Bestimmung 5. Mos. 21, 15—17 setzt voraus, daß ein Mann zwei eigentliche Ehefrauen habe. Eine andere Bestimmung 2. Mos. 21, 10 sichert das Recht der einen Nebenfrau (Konkubine) gegen die hinzugenommene andere. Es wird unter gewissen Bedingungen gestattet, daß einer eine Kriegsgefangene zu seinem Weibe, sei es Eheweibe oder Kebsweibe, mache 5. Mos.

21, 10—14. Das Königsgesetz verbietet dem Könige zwar ein großes Harem 5. M. 17, 17, aber ohne ihn zur Monogamie zu verpflichten. Das Beispiel Davids und Salomos zeigt, welche Folgen nach dieser Seite hin die Laxheit der Thora hatte. Selbst dem jungen Könige Joas gab sein Erzieher Jojada zwei Frauen 2. Chr. 24, 3. Und in einem Falle fordert die Thora sogar die Hinzunahme einer Frau zur anderen, nämlich durch das Gesetz von der Schwagerehe 5. Mos. 25, 5 ff., denn der Fall, daß der überlebende Bruder bereits verheiratet ist, wird ohne Zweifel eingeschlossen, obwohl dieser Fall und desgleichen der Fall, daß der Verstorbene mehrere Frauen hatte, wie in Widerwillen gegen die Polygamie unausgesprochen bleibt, und das alte Herkommen wird nicht bestätigt, ohne daß zugleich in der Chaliza (der 5. Mos. 25, 9 beschriebenen Ceremonie) die Möglichkeit der Umgehung gegeben wird. Es war ein Fortschritt im Geiste des Gesetzes, wenn auch nicht in Gemäßheit seines Buchstabens, daß schon die Mischna Jebamoth das Recht der Chaliza vielfach kasuistisch erweitert, und daß im Mittelalter Gerson von Metz (gest. 1028), welcher den Ehrenbeinamen מאור הגולה (die Leuchte der Exulanten) hat, die Polygamie verbot und nur ausnahmsweise gestattete, ohne aber diesen Fortschritt durchsetzen zu können; noch fast zwei Jahrhunderte lang lebten die Wohlhabenden unter den französischen und spanischen Juden in Bigamie, und erst unter der zunehmenden Einwirkung des christlichen Staates ist unter den Juden, wenigstens den europäischen, die Monogamie herrschend geworden*).

---

*) Wie sehr der Geist des Christentums gleichzeitiger Ehe mit verschiedenen Frauen widerstrebt, zeigt sich daran, daß als Luther und Melanchthon dem Landgrafen Philipp von Hessen zugestanden hatten, neben seiner Ehe mit einer Tochter des Herzogs Georg von Sachsen eine zweite geheimzuhaltende Ehe mit der sechzehnjährigen Margareta von der Saal einzugehen, Melanchthon (der bei der Trauung am 3. März 1540 zugegen war) in furchtbare

Der am 9. Mai 1886 in Newark (Nordamerika) verstor=
bene Rabbiner Dr. Isidor Kalisch, einer der begabtesten und
thatkräftigsten Vertreter der Reform, hat in seinem Vortrage
Ancient and modern Judaism das Glaubensbekenntnis des
modernen Judentums in zehn Sätze zusammengefaßt, deren
dritter lautet: „Die mosaische Religion ist eines unendlichen
Fortschrittes fähig." Er meint damit ihre Fortbildung zu einer
universellen Religion. Diese Fortbildung ist grundleglich in
dem aus dem Schoße des Judentums hervorgegangenen Christen=
tum vollzogen; das Reformjudentum ist Christentum ohne
Christus, Licht, welches den Lichtquell verleugnet, aus dem es
entwendet ist. Der siebente Satz lautet: „Traditionelle Cere=
monieen und Gebräuche, seien sie biblisch oder nichtbiblisch, müssen
geändert und sogar abgeschafft werden, sobald ihre Form die
Moral oder die Gefühle moderner Civilisation verletzt." Das
ist ein Gedanke, der ohne das Christentum in keines Juden
Herz und über keines Juden Mund gekommen wäre. Zu diesen
Gebräuchen gehört die Polygamie, in deren grundsätzlicher Ver=
werfung das Christentum dem Judentum um wenigstens ein
Jahrtausend zuvorgekommen.

Auch in einem anderen Punkte zeigt sich's, daß das mo=
saische Gesetz nicht direkte und endgültige Kundgebung des Wil=
lens Gottes ist. Das Gesetz 5. Mos. 24, 1—4 will zwar der
Willkür in der Ehescheidung wehren, aber es setzt voraus, daß
der Mann ein Recht habe, sein Weib zu verstoßen, wenn er
ערות דבר (Zunzische Bibel: etwas Schändliches) an ihr gefun=

Gewissensnot verfiel, die ihn an den Rand des Grabes brachte; Luther da=
gegen meinte nach wie vor das Zugeständnis vor Gott rechtfertigen zu können.
Aber seine Ansicht, daß was im Notfall die Patriarchen sich gestatteten auch
Christen im äußersten Notfalle gestattet werden könne, beruhte auf einer
immer noch mangelhaften Einsicht in den Unterschied des Christentums von
der alttestamentlichen Religion.

den. Die Begriffsweite dieses ערות דבר gewährt der Willkür
freien Spielraum und hat überall da, wo das jüdische Volk in
Ehesachen sui juris ist, eine Menge leichtsinniger Desertionen
und Scheidebrief-Ausstellungen zur Folge gehabt. Hat Jesus
nicht recht, wenn er Matth. 19, 8 sagt, daß das Gesetz hier
weiter hinter der Idee der Ehe zurückbleibe und sich der Herzens-
härtigkeit des Volkes akkommodiere? Ist denn die Zeit noch so
gar fern, wo das Talmudjudentum aufhört Ihn zu hassen, und
wo das Reformjudentum anfängt Ihm die Ehre zu geben?

————

Mit dem Ceremonialgesetz ist zugleich das ceremonielle Opfer
hinfällig geworden. Wie die Beschneidung bereits
ein vor- und außerisraelitischer Brauch war, als sie von dem
Gotte der Offenbarung zum Bundeszeichen des von Abraham
stammenden Volkes gemacht ward, so war auch das Opfer ein
Hauptbestandteil des heidnischen Kultus, als die sinaitische Gesetzgebung es zu einem Hauptbestandteil der Verehrung des
Einen wahren Gottes um- und ausprägte. Es verhält sich aber
mit dem Opfer anders als mit der Beschneidung. Die Beschneidung ist aus dem Streben nach leiblicher Reinheit hervor-
gegangen, aber als Mittel zu diesem Zwecke war diese Ver-
stümmelung der dem Menschen anerschaffenen Natur doch nur
unter einigen Völkern üblich. Opfer aber finden sich unter
allen Völkern, die ein mehr als nebelhaftes Wissen um höhere
Wesen besitzen. Es ist ein religiöses Bedürfnis, welches den
Menschen mit innerer Notwendigkeit zu opfern drängt. Das
Opfer ist seinem Grundbegriffe nach מנחה Geschenk oder Gabe,
wie Kains und Abels Opfer, das älteste und erste in der heil.
Schrift erwähnte, genannt wird. Alles, was der Mensch be-
sitzt, hat er durch Gott. Er kann Gott nichts geben, was er

nicht zuvor von ihm empfangen hätte. Sich seines ganzen Besitztums zu entäußern ist nicht thunlich: es widerspräche dem Zwecke, zu dem Gott es gegeben. So giebt er ihm denn einen Teil, um durch diese Entäußerung die Heiligung und Segnung des Ganzen zu erlangen. Auch so schon als Gabe hat das Opfer mittlerische Bedeutung. Der Mensch läßt das Opfer für sich um Gottes Huld werben, wie Jakob dem Esau, um ihn günstig zu stimmen, vor sich her eine מנחה zuschickt. So läßt der Mensch das Opfer als Drittes zwischen sich und Gott eintreten, daß es für ihn, den Darbringenden, Gottes Zuneigung, Gottes Wohlgefallen erwirke. In diesem Sinne ist das Opfer auch jetzt noch eine Bethätigungsweise der Gottesverehrung. Es ist ein Opfer, wenn einer eine Altardecke oder ein gemaltes Fenster oder ein heiliges Gefäß für das Gotteshaus stiftet oder es festlich mit Blumen schmückt.

Anders aber verhält es sich mit dem blutigen Opfer, d. i. der Darbringung geschlachteter Tiere. Daß das Tier geschlachtet werde, um Gott zum Genusse zubereitet zu werden, das ist eine Vorstellung, die selbst innerhalb des Heidentums als eine rohe gelten muß, weil sie die Götter entgöttert. Wir wollen aber andererseits auch dahingestellt lassen, ob in der Heidenwelt die Dahingabe des Tierlebens als Stellvertretung für den sich todeswürdig erachtenden Darbringer gelte; genug, daß auch da die Vorstellung der Sühnhaftigkeit oder der Beschwichtigung des göttlichen Zorns an dem blutigen Opfer haftet. Wie aber das Blut der dem Gotte Israels dargebrachten Opfer verstanden werden soll, sagt das Wort Gottes 3. Mos. 17, 11, indem dort die Begründung des Blutgenußverbots lautet: „Denn die Seele des Fleisches ist im Blute, und ich habe es euch gegeben (für euch bestimmt) auf den Altar, zu sühnen eure Seelen, denn das Blut, durch die (in ihm enthaltene) Seele, sühnt es." Daß die Seele im Blute ist, liegt in der Natur der Seele und des

Blutes. Daß aber das Tierblut Sühnmittel ist, folgt nicht aus der Natur des Tierblutes, sondern daraus, daß Gott es zu diesem Zwecke bestimmt, verordnet, verstattet hat (נתתיו): es sühnt vermöge der Seele, die in ihm ist, also tritt die Seele des Tieres stellvertretend für die Seele des Menschen ein, sie zu sühnen, d. h. vor Gottes Zorn zu decken. Wir wollen hier ununtersucht lassen, wie die Stellvertretung zu denken ist, aber das steht fest, daß nach dem sinaitischen Gesetz die Sühne am Blute haftet (אין כפרה אלא בדם), an dem Blute nämlich, welches an den Altar hingegossen, oben auf den Altar ausgeschwenkt oder an die Altarhörner gestrichen wird. Alle blutige Opfer enthalten als solche das Moment der Sühne. Die Sühne ist nicht Hauptzweck aller, aber immer und überall muß die Applikation des Blutes an den Altar vor der in Feuer aufgehenden Opfergabe auf dem Altar vorausgehen, damit diese als Gabe eines Gesühnten, d. i. Entsündigten wohlgefällig von Gott aufgenommen werde.

Wenn es sich nun wirklich so verhält, daß für Israel, das Volk des Gesetzes, das gottverordnete Entsündigungsmittel in dem Opferblut bestand, so fragt es sich, welches Entsündigungsmittel nun seit der Zerstörung des Tempels an die Stelle des Opferblutes getreten ist. Daß das synagogale Verlesen der Opferkapitel keinen Ersatz bietet, liegt auf der Hand; das Lesen eines Rezeptes kann dem Kranken nicht die Stelle der Arznei selber vertreten. Und die drei תּ (תפלה Gebet, תשובה Buße, תענית Fasten) können doch auch nicht als Ersatz gelten, da Gebet, Buße, Selbstkasteiung mit den Opfern je nach ihrem speziellen Zwecke verbunden sein müssen, wenn sie nicht zu toten Werken ohne entsprechende Innerlichkeit herabsinken sollten; also können jene drei das Opfer nicht überflüssig machen. Aber — wird man entgegnen — mußte dieser geistigere Gottesdienst ohne Tempel und Opfer nicht während der 70 Jahre der babylonischen Gefangenschaft genügen? Allerdings, das Volk Gottes sollte während dieses knappen Jahrhunderts der Verpflanzung in die Fremde lernen, daß das Wesentliche alles Kultus die Anbetung Gottes im Geist und in der Wahrheit sei; der HErr war ihnen damals, wie Ez. 11, 16 gesagt wird, למקדש מעט d. h. er vertrat ihnen auf einige Zeit den Tempel, er barg sie in seine Gemeinschaft wie in eine Hütte zur bösen Zeit (Ps. 27, 5). Das Exil war eine Vorschule auf jene Zukunft hin, in welcher, wie Vajikra rabba c. 9 und anderwärts gesagt wird, alle Opfer mit Ausnahme des Opfers der Danksagung in Wegfall kommen werden (לעתיד לבא כל הקרבנות בטלין וקרבן תודה אינו בטל). Ist es aber denkbar, daß, nachdem in der nachexilischen Zeit der Opferkultus wiederhergestellt war und dann der Tempel ein zweites Mal zerstört worden ist, auch die seitdem verflossenen 1800 Jahre eine abermalige Vorbereitung auf die messianische Zeit sein sollen — ist nicht vielmehr aus der langen Dauer der Schluß zu ziehen, daß die Zeit der Anbetung Gottes im Geist und in der Wahrheit unterdes wirklich eingetreten ist, obwohl unerkannt von dem Volke, auf welches sie ihr nächstes Absehen hatte? —

In Propheten und Psalmen wird zwar das ceremonielle Tier- und Mehlopfer meistens als Symbol geistiger Opfer, obenan des Selbstopfers, gedeutet, ohne welche und in Vergleich mit welchen das ceremonielle Opfer wertlos sei (z. B. Mi. 6, 6—8 und in Ps. 50); aber es wird da auch die Selbstdahingabe eines Knechtes Gottes in Aussicht gestellt, welche sich zu den ceremoniellen Opfern und dem, was sie nach Gottes Ordnung leisten, wie das Gegenbild zum Vorbild verhalten wird. Der in Jes. 52, 13 bis Kap. 53 geschilderte Knecht Gottes opfert sich selbst als Schuldopfer (אשם) für sein Volk; sein Leiden erwirbt Frieden, seine Wunden bringen Heilung; er, der Gerechte, vermittelt eine aus der Sühne, die er leistet, erwachsende Gerechtigkeit. Und Sacharja, nachdem er in Kap. 12 geweissagt hat, daß das jüdische Volk dereinst reumütig und sehnsüchtig zu dem großen Durchbohrten aufblicken wird, dessen Durchbohrung der HErr als eine ihm selbst angethane Blutthat betrachtet (והביטו אלי את אשר דקרו), fährt 13, 1 fort: „An jenem Tage wird ein Quellborn geöffnet sein dem Hause Davids und den Bewohnern Jerusalems für Sünde und Unreinigkeit." Also: wenn das Volk seine Verschuldung an jenem Durchbohrten mit Bußschmerz erkennen wird, dann wird es nicht zu verzweifeln brauchen, sondern ein Quell ist ihm aufgethan, welchem von Sünde und Unflat reinigendes Wasser entströmt. Das sind Weissagungs= worte von solcher Sonnenklarheit, daß keiner, der sie mit dem, was die Evangelien erzählen, zusammenhält, sein Gewissen mit Wegdeutung derselben durch allesvermögende exegetische Kunst beschwichtigen können wird.

Daß der große Durchbohrte eine einzelne Person sei, das zu leugnen kann niemandem einfallen — eine Kollektivpersön= lichkeit kann dort nicht gemeint sein, sondern Einer, nämlich, wie sich aus 13, 1 schließen läßt, Israels Heiland; denn sein Tod, dem Grunde und Zwecke nach verkannt, wird zu einem Quell des Heils. Aber unter dem Knechte des HErrn in Jes. 52, 13 bis Kap. 53 verstehen viele eine Mehrheit. Der von Isidor Kalisch aufgestellte 10. Bekenntnissatz lautet: „Israels heiliger Beruf ist es, der erlösende Messias der Menschheit zu werden." Aber jener Knecht des HErrn opfert sich für sein Volk, und daß die Gesamtheit eines Volkes sich für die Gesamtheit des Volkes opfere, ist Widersinn, ist Selbstwiderspruch. Wenn der Begriff des Knechtes des HErrn dennoch ein kollektiver ist, so wird im Unterschiede von der Masse des Volkes die Gesamt= heit derer zu verstehen sein, welche alles aufbieten und alles daransetzen, um ihr Volk, obwohl von diesem in arger Ver= blendung verkannt, aus innerem und äußerem Elend zu be=

freien. Zugleich aber ist es naturgemäß, daß in dieser Gesamt=
heit der wahren Knechte des HErrn einer den andern überragt,
und daß Einer über alle hinausragt. Sollte nicht Jesus dieser
Eine Unvergleichliche sein? Unzählige aus Israel sind von
diesem Weissagungsbilde des Künftigen innerlich überwunden
worden. Denn der Prophet malt hier den Gekreuzigten (מלבה)
ab, als ob er unter seinem Kreuze gestanden. Das ist aus
dem Neuen Testamente, nicht aus dem Alten! rief einer, als
ihm Jes. 53 vorgelesen wurde. Und als er sich vom Gegenteil
überzeugte, erwehrte er sich des blendenden Lichtes, indem er
sich nicht scheute zu sagen: Dann ist Jesaia zu weit gegangen! —

Aber wozu brauchen wir denn einen Mittler? — wird hier
mancher Leser dazwischenfahren — überall, wo in den
Psalmen oder sonstwo in der heiligen Schrift um Vergebung
der Sünden gebetet wird, richtet sich die Bitte direkt an den
Heiligen gebenedeit sei Er, an Ihn, der, wie er 2. Mos. 34 sich
offenbart, barmherzig und huldvoll, langmütig und von großer
Gnade und Treue, der da bewahret Gnade in tausend Glied
und vergiebt Missethat und Frevel und Sünde; an Ihn, welchen
lobpreisend der Psalmist (Ps. 104) die eigene Seele auffordert:
Lobe den HErrn, meine Seele, der dir alle deine Sünde ver=
giebt und heilet alle deine Gebrechen, der dein Leben vom Ver=
derben erlöset, der dich krönet mit Gnade und Barmherzigkeit.
Anderwärts lesen wir in den Psalmen (Ps. 130): So Du willst,
HErr, Sünde zurechnen, o Allherr, wer wird da bestehen? Aber
der Beter weiß, daß Gott Gnade für Recht über uns ergehen
läßt, und begründet dies, indem er fortfährt: Denn bei Dir ist
Vergebung, daß man Dich fürchte, d. h. weil Du dankbar ver=
ehrt sein willst, vergiebst Du willig und reichlich.

Wozu also bedürfen wir eines Mittlers? Auch im Buch
Jesaia lautet 55, 7 die Heilsordnung: Der Gottlose lasse von
seinem Wege, und der Übelthäter von seinen Gedanken und be=
kehre sich zum HErrn: so wird er sich seiner erbarmen, und zu
unserem Gott, denn bei ihm ist viel Vergebung. Aber doch ist
ebendort von einem Mittler die Rede, von welchem das Israel
der Zukunft bekennen wird: Die Strafe liegt auf ihm, auf daß
wir Frieden hätten, und durch seine Wunden sind wir geheilet
(53, 5). Es wird also nicht in Widerspruch miteinander stehen,
daß wir an einer Stelle lesen: Ich, ich tilge deine Übertretung
um meinetwillen (43, 25), und an einer andern Stelle: Durch
sein Erkenntnis wird er, mein Knecht, der Gerechte, viele ge=
recht machen, denn er trägt ihre Sünden (53, 11).

Jedoch wird man immer noch einwenden können: das
53. Kapitel des Buches Jesaia steht doch vereinzelt und eine
dem zweiten Teile des Buches Jesaia eigentümliche Lehre kann
nichts gegen die vielen anderen heiligen Bücher des Alten Testa=
ments beweisen. Überall sonst ist es Gott selbst, welcher die
Sünde wegnimmt und tilgt, deckt und vergiebt, Er allein und
um sein selbst willen, d. h. aus freier purlauterer Gnade. —
Wir würden es mit dem Beweise für die Wahrheit des Christen=
tums zu leicht nehmen, wenn wir die Gewichtigkeit dieser Ein=
wendungen verkennten. Die richtige Antwort aber wird zugleich
diejenige christliche Lehre in das rechte Licht setzen, welche der
eigentliche Stein des Anstoßes für das Judentum ist, die Lehre
von der Dreieinigkeit der Gottheit. Nicht so gar schwer ist die
Verständigung darüber, daß Gott und sein heiliger Geist zu
unterscheiden seien, und zwar so, daß dieser nicht bloß eine
blind wirkende Kraft ist, sondern eine von Gott ausgehende
Macht, welcher göttliches Selbstbewußtsein innewohnt. Daß aber
Christus Gott und Mensch in Einer Person sei, das ist es,
was jüdischerseits als unvereinbar mit der Einheit Gottes an=

gesehen wird, welche auch uns als das Grunddogma aller wahren Religion gilt. —

Es ist für die Offenbarungsreligion charakteristisch, daß sie nicht bloß eine dem Heidentum entgegengesetzte Lehre von Gott dem Einen und seinen Eigenschaften an sich und im Verhältnis zu seinen Geschöpfen ist — sie ist mehr als das: sie ist ein aus göttlichen Bezeugungen in Wort und That erwachsenes Wissen von einem vorzeitlichen Ratschluß Gottes, die der Sünde verfallene Menschheit zu erlösen, und von den Wegen, die er eingeschlagen, um diese Erlösung zu vollführen. Durch die Sünde ist der Mensch Gotte und Gott dem Menschen fern geworden; es ist eine Grundvoraussetzung der Offenbarungs=religion, daß Gott, um die Menschen aus ihrer Gottesferne zurückzuholen und aus der Tiefe ihres Verfalls emporzuheben, persönlich, d. h. selbstgegenwärtig, in die diesseitige Geschichte eintreten muß. Auf den ersten Blättern der Bibel lesen wir, daß er nach dem Falle der Menschen ihnen persönlich erscheint und sie inmitten der Strafurteile des künftigen Sieges über die Schlange getröstet, und die letzte Prophetenstimme sagt (Mal. 3, 1): Bald wird kommen zu seinem Tempel der Herr, und dazwischen lautet von Obadia an (B. 15) die Losung aller Propheten: Der Tag des HErrn ist nahe, der Tag, an welchem er sich als Strafrichter und Erlöser in enthüllter Herrlichkeit zeigen wird, als Erlöser zunächst Israels; denn nachdem die Menschheit sich in Völker geschieden hat, bekommt die Verheißung der Theophanie (Gotteserscheinung) nationale Färbung. Der HErr, Israels Gott, wird kommen und sich verheißungsgemäß zu sehen geben. Es ist das tiefste Sehnen des Volkes des Alten Bundes, welches Jes. 64, 1 zu dem Ausdruck kommt: O daß du den Himmel zerrissest, herniederführest! Und der entsprechende Ausdruck der Hoffnung lautet Pf. 50, 3: Unser Gott wird kommen, und alle Kreaturen, welche die Umgebung der Menschen bilden, werden Pf. 96, 11 ff.; 98, 7 ff. aufgerufen, mit ihnen dem Kommenden entgegen zu frohlocken.

Soll aber Gott geschichtlich erscheinen und zwar so, daß er nicht bloß mit Einem Menschen redet, wie bei der Gesetz= gebung aus der Wolkensäule mit Mose, sondern so, daß er mit den Menschen insgemein in Verkehr tritt, so kann es nicht an= ders geschehen, als indem er einen Menschen zur Stätte seiner Gegenwart, zum Organe seiner Gedanken und Worte, zum Er= füller seiner Verheißung macht. Es ist anders nicht möglich, und dieses nicht anders Mögliche bezeugt die Schrift als Wirk= liches. Wie der Engel des Herrn 2. Mos. 3, 6 sagt: „Ich bin der Gott deines Vaters, der Gott Abrahams, der Gott Isaaks und der Gott Jakobs," weil der Gott der Patriarchen ihn zum Mittel seiner selbstgegenwärtigen Bezeugung gemacht hat: so ist der Sohn der Jungfrau, an dessen Wiege Jesaia frohlockt, die leibhaftige Gegenwart des hülfreichen, starken Gottes, und den Sproß (צמח) Davids heißt Jer. 23, 6 יהוה צדקנו (der HErr unsere Gerechtigkeit), weil, wie aus der Vergleichung von Jer. 33, 16 hervorgeht, der HErr als der sein Volk Rechtfertigende und Ge= rechtmachende seiner Person inwohnt, wie er dem neuen Jeru= salem inwohnt. Bei Sacharja 13, 7 nennt ihn Gott den „Mann meiner Gemeinschaft", und diese Gemeinschaft ist so eng, daß Er ebend. 12, 10 sich mit ihm identificiert. Schon die Gemeinschaft Gottes mit seinem Propheten ist so eng, daß in den Weissagungsbüchern das Ich Gottes und das Ich des Propheten unvermittelt miteinander wechseln — die Gottes= gemeinschaft des Messias aber oder des Knechtes des HErrn und des Engels des Bundes, welche im Buche Jesaia und von Maleachi geweissagt werden, wird als eine noch um vieles engere zu denken sein. Ob die Vereinigung Gottes mit ihm dogmatisch definierbar und wie sie zu definieren ist, das zu untersuchen liegt hier außerhalb unseres Zweckes.

Was der sterbende Jakob sagt (1. Mos. 49, 18): „Auf
Dein Heil hoffe ich, o HErr", das bleibt vom Anfange bis zu
Ende der alttestamentlichen Zeit das immergleiche Glaubensbekenntnis. Das Heil ist Gottes des HErrn, welcher den Ratschluß des Heiles gefaßt hat und ihn auch verwirklicht. Die
Erlösung von der Sünde und ihren Folgen, diese radikale Erlösung, gegen welche jede andere nur ein flüchtiger Schatten
ist, wird überall in der heiligen Schrift als Gottes Selbstwerk
bezeichnet. Daß dieses Selbstwerk Gottes menschlich vermittelt sein
wird, deutet sich schon 1. Mos. 3, 15 an, und ist auch anders-
wie undenkbar; auch die in die heilige Geschichte eingreifenden
Engel erscheinen menschlich und reden menschlich. Aber die Erkenntnis des menschlichen Mittlers, weit entfernt eine immergleiche zu sein, hat ihre stufengängige Geschichte. Das Messiasbild ist als Königsbild ungeeignet, den Mittler einer Erlösung
von der Sünde und ihren Folgen darzustellen. Selbst in das
Bild des Königs, dem Gott inwohnt, des göttlichen Königs,
läßt sich das Werk der Sündensühne und Sündentilgung nicht
einfügen. Darum erweitert sich in den jüngsten Weissagungs-
schriften (Jes. 40—66; Sach. 9—14; Mal. 3) das einseitige
Königsbild zu einem Bilde mit den drei Feldern prophetischer
Verkündigung, priesterlicher Selbstopferung und überköniglicher
Erhöhung. Diesen künftigen Mittler, welcher Prophet, Priester
und König in Einer Person ist, und in welchem der HErr zu
seinem Volke kommt (Jes. 50, 2), ja welcher nach Mal. 3, 1
der Herr (האדון) selbst ist, nennt Gott Jes. 49, 6 ישׁעי. Die
Freudenbotschaft seines Kommens an die Tochter Zion lautet
Jes. 62, 11 הנה ישׁעך בא. Das klingt wie: Siehe, dein Jesus
kommt.

Dieser Jesus hat von sich gesagt: Alles ist mir übergeben
von meinem Vater, und niemand kennet den Sohn als nur der
Vater, und niemand kennet den Vater als nur der Sohn und

wem es der Sohn will offenbaren (Matth. 11, 27). Damit
stimmt es, daß er Joh. 14, 9—11 sagt: Wer mich siehet, siehet
den Vater. Nie hat ein Mensch solches von sich zu sagen ge=
wagt. Er ist im Vater und der Vater in ihm; er ist die sicht=
bare Selbstdarstellung Gottes; er hat als Mensch wie wir alle
einen zeitlichen Anfang, aber mit ihm vereinigt ist der ewige
Gott, so daß unsere Erlösung, die sich in seinem Opfertod ent=
scheidet, doch Gottes Selbstwerk ist, wie Paulus 2. Kor. 5, 19
sagt: Gott war in Christo und versöhnte die Welt mit ihm
selber. Das ist ein Mysterium, in welches hineinzublicken die
Wonne der Engel ist (1. Petr. 1, 12) und um dessen richtige
Auffassung gläubiges Nachdenken seit Anfang der Kirche sich
gemüht hat. Wenn einst Israel in diesem Jesus seinen Christus
erkannt hat, dann wird es mithelfen, fruchtbares Verständnis
des unergründlichen Mysteriums zu fördern.

Die Religion des Neuen Testaments enthält nichts, was
nicht in dem alttestamentlichen Gotteswort grundlegend
vorbereitet wäre. Wenn Paulus Röm. 4, 25 von Jesus sagt,
daß er um unserer Sünde willen dahingegeben und um unserer
Gerechtigkeit willen auferwecket sei: so ist das wesentlich eben=
dasselbe, was in Jes. 53 von dem Knechte des HErrn gesagt
wird. Denn von diesem, der nach Gottes Veranstaltung sich
selbst für sein Volk geopfert, bekennt Israel, zum Glauben an
den großen Dulder hindurchgedrungen: „Die Strafe liegt auf
ihm, auf daß wir Frieden hätten, und durch seine Wunden sind
wir geheilet." Und der HErr selbst, der ihn aus Angst und
Gericht zu sich hingenommen, sagt von ihm, dem seinen Ver=
folgern Entrückten und Erhöheten: „Durch sein Erkenntnis
wird er, mein Knecht, viele gerecht machen, denn er trägt ihre

4

Sünden." Also: der Knecht des HErrn ist willig in den Tod
gegangen, um unsere Sünde zu sühnen, und er ist von Gott,
dessen Ratschluß er vollzogen, durch den Tod hindurch erhöhet,
um vielen, d. h. so viele ihrer an ihn glauben, eine vor Gott
gültige Gerechtigkeit zuzuwenden, welche auf der durch sein
Selbstopfer vermittelten Schuldentlastung beruht. Das Christentum nötigt dem Israeliten nicht neue fremdartige Gedanken auf,
sondern nur das eine Neue, daß diese alttestamentlichen Pro-
phetenworte in Jesus, dem Gekreuzigten und Auferstandenen,
zur vollen Wirklichkeit geworden sind.

Aber wie ist es als möglich zu denken, daß aus dem frei-
willigen Leiden und Sterben eines Menschen Entsündigung,
Gerechterklärung und Gerechtmachung derer erwächst, für die er
dieses Leiden und Sterben auf sich nimmt? Wir wollen es
einmal dahingestellt sein lassen, ob der in Jes. 52, 13 bis Kap. 53
geschilderte Knecht des HErrn Einer oder eine Mehrheit sei —
jedenfalls bekennt dort Israel, daß durch das stellvertretende
Leiden und Sterben des lange Verkannten und nun gläubig
Erkannten Heil und Gerechtigkeit erwirkt sei für sie alle. Wie
hängt das innerlich zusammen?

Vielleicht ist die folgende Geschichte nicht untauglich, annäherungsweise einen Einblick in die Sache zu gewähren. Ich
habe sie von Hesba Stretton, der englischen Erzählerin, welche
auch noch manche andere Geschichten erzählt hat, aus denen die
sittliche Größe und der sittliche Wert stellvertretenden Leidens
und Sterbens ersichtlich sind. Die Szene der Geschichte, deren
ich mich gerade jetzt erinnere, ist ein großes Londoner Gehöft,
in dem eine Unzahl von Menschen eng zusammengepfercht
wohnte, meistens armes und sittlich verkommenes Volk; der
Hausmann und Thorhüter führte ein strenges Regiment, war
aber selber ein roher, ungläubiger Mensch. Ein treueifriger
Missionar hatte seit lange schon nichts unversucht gelassen, um

dem Lichte des Evangeliums Zugang zu diesem umnachteten
Menschengewimmel zu verschaffen; der Mut und die Klugheit
seiner Liebe hatte sich erschöpft, als sein Sohn, ein frommer
Knabe, der mit einer lieblichen, vom Herzen zum Herzen drin-
genden Singstimme begabt war, sich erbot, in das Gehöft hin-
überzugehen und den Versuch zu machen, ob er durch Anstimmen
geistlicher Lieder die Herzen der Insassen rühren und schmelzen
könne. Der Vater wußte, welcher Gefahr sich sein Kind aus-
setze, aber weil das Heil der Menschen ihm über alles ging,
gab er zuletzt dem Drängen nach. Der Knabe ging von Tag
zu Tag hinüber, pflanzte sich mitten im Hofe auf und sang da
mit glockenreiner Stimme, in welcher seine Seele pulsierte, seine
Jesuslieder. Anfangs sammelte sich um ihn eine große Menge,
angezogen durch die seltene Erscheinung und den musikalischen
Genuß; nach und nach aber, als sie die Absicht des Auftretens
merkte, verzog sie sich und schließlich schlug der Beifall in Feind-
schaft um, die sich dermaßen steigerte, daß der lästige Sänger,
von einem Steinwurf des Hausregenten getroffen, zu Boden
sank und als ein Sterbender hinweggetragen wurde. Der Tief-
punkt seines Leidens war zwar nicht wirklicher Tod, aber äußerste
Todesgefahr, gesteigert durch heftigen Seelenschmerz über die
vereitelte gute Absicht und den zurückgestoßenen guten Willen.
Aber wie heilsam waren die Früchte, die auch schon aus dieser
Selbstdahingabe bis nahezu in den Tod erwuchsen! Nicht zwar
für alle ohne Unterschied, aber für alle die, welche in sich gingen
angesichts dieses schier hingemordeten edlen jungen Lebens. Die
erste Frucht war dies: an dem Todeshaß, mit dem sie die
Liebe, die sie aus dem Sündenverderben retten wollte, ver-
golten haben, kam ihnen die Sünde in ihrer schreckenerregenden
Tiefe und Verdammnißwürdigkeit zur Erkenntnis. Die zweite
Frucht bestand darin, daß sie an dem blutigen Haupte und
dem todesbleichen Antlitz des jugendlichen Dulders ein Bild

4*

der Unschuld vor sich hatten, welche fähig und willig ist, sich
für die Schuldigen zu opfern, ein Abbild der göttlichen Liebe,
welche das Verlorene sucht, eine Anschauung der wahren Ge=
rechtigkeit, deren Wesen selbstlose Liebe ist. Und eine dritte
Frucht war dies, daß sie in reuiger Selbstanklage Gott an=
riefen, daß er das Werk dieser suchenden, opferwilligen Liebe
an ihnen nicht vergeblich sein' lasse und sie der Gerechtigkeit
dieses Gerechten, an dem sie sich so schwer versündigt, teil=
haft mache.

Und nun steigen wir von dem Niederen zu dem Höheren,
von dem Gleichnis zu dem Unvergleichlichen auf: von jenem
jugendlichen Sänger, dessen Bekenntnis eine Stimme aus dem
vieltausendstimmigen Chore der Gläubigen aller Zeiten war, zu
dem Knechte des HErrn, dessen Person von integrierender Be=
deutung für das Heil der Menschheit ist, denn der HErr sagt
von ihm (Jes. 42, 1): Siehe mein Knecht, den ich aufrecht halte,
mein Auserwählter, den meine Seele lieb hat; ich habe meinen
Geist auf ihn gelegt, er wird das Recht zu den Heiden aus=
bringen — von jenem Knaben, den das Mitgefühl trieb, die
Bewohner eines Nachbarhauses ihrer Gottentfremdung zu ent=
reißen, zu dem Knechte des HErrn, welcher das Heil der Welt
in ihrem ganzen Umfang zu werden bestimmt ist (49, 6) und
diesen Heilandsberuf mit einer liebevollen Milde vollführt,
welche das geknickte Rohr nicht zerbricht und den glimmenden
Docht nicht auslöscht (42, 3) — von jenem Knaben, dem sein
Zeugniseifer eine monatelange Erkrankung zuzog, zu dem Knechte
des HErrn, „dem Mann der Schmerzen und vertraut mit Wehe",
dessen ganzes Leben ein stetes schmerzensreiches Leiden des Mit=
leids war — von jenem Knaben, den sein Liebesdrang dem
Tode nahe brachte, zu dem Knechte des HErrn, dem Durch=
bohrten und Zermalmten, der sich wie ein sanftes Lamm zur
Schlachtbank führen läßt (53, 5. 7) — von jenem Knaben,

dessen Krankenlager als von ihnen verschuldetes die Insassen
des Gehöfts, obenan der Hausmeister, umstehen, zu dem Knechte
des HErrn, angesichts dessen ein ganzes großes Volk die Ver=
blendung und die Sünden beichtet, durch die sie seinen marter=
vollen Tod verursacht haben. Von hier aus gewinnen wir
einen Einblick in die sittlichen Folgen der Selbstdahingabe dieses
unvergleichlichen Dulders. An Ihm läßt sich ersehen, was die
Sünde vermag: sie hat sich selbst überboten, indem sie den
Heiligen Gottes wie einen gemeinen Verbrecher getötet hat, sein
Tod ist eine gewaltige Bußpredigt. An Ihm zeigte sich's, was
der Eifer um das Gesetz vermag; denn das Volk des Gesetzes
war es, welches ihn vom Standpunkt des Gesetzes, ähnlich den
Freunden Hiobs, für einen Gottverworfenen hielt und in fana=
tischer Gesetzlichkeit zur Richtstätte schleppte. An Ihm war zu
schauen, was die Liebe vermag; denn Eifer der Liebe zu denen,
die ihn haßten, verzehrte sein Leben und auch sterbend noch er=
flehte er den Übelthätern Vergebung (53, 12). Diese Liebe aber
stand im Dienste der himmlischen Liebe; denn es war Gottes
Wille, ihn also zu zermalmen, Gott selbst war es, der ihn in
solches Weh versenkte (ויהוה חפץ דכאו החלי): sein Leiden war
das Mittel zu ratschlußmäßigem Zwecke, seine Selbstopferung
sollte der Grund seiner Erhöhung und der Grund einer großen
Gemeinde werden, welche ihm ihre Entsündigung und ihre Ge=
rechtigkeit verdankt (53, 10. 11). Der Abgrund der Sünde ent=
hüllte sich, indem sie das Blut des Auserwählten Gottes ver=
goß, und zugleich erbot sich den Sündern in der nach Gottes
Ratschluß sich selbst opfernden Liebe die Rettungshand, welche,
im Glauben ergriffen, ihnen die Gnade der Vergebung und die
Gnadenkraft eines neuen Lebensanfangs entgegenbrachte. So
begreift sich's, daß durch das Werk des Knechtes Gottes, wel=
ches er leidend, sterbend und fortlebend vollbringt, den Sündern
Selbsterkenntnis (Buße), Sündenvergebung (Rechtfertigung)

und eine neue gottgefällige Lebensgestalt (Gerechtigkeit) er=
wirkt ist.

Aber das lautet ja alles spezifisch christlich! wird man uns
entgegenrufen. Allerdings spezifisch christlich, und doch haben
wir uns absichtlich gehütet, über die in Jes. 53 direkt oder
folgerungsweise enthaltenen Gedanken hinauszugehen. Der Mes=
sias nach älterer Vorstellung ist König. Sacharja aber giebt
nach Pf. 110 dem Zemach zur Königskrone auch die Priester=
krone. Und zu diesen zwei Kronen kommt bei Jesaia II und
Sacharja die Dornenkrone, welche Gott in eine überkönigliche
Krone verwandelt. Das Christusbild auf der Staffelei der
Prophetie war nun fertig und es erübrigte nichts, als daß der
Abgebildete erschien und der Finger des auf der Grenze der
zwei Weltzeiten stehenden letzten alttestamentlichen Propheten
auf ihn hinwies: Siehe das ist Gottes Lamm, welches der
Welt Sünde trägt!

Bis hieher haben wir unsere Beweisführung für die Grund=
thatsachen und Grundwahrheiten des Christentums aus=
schließlich der mit ihnen verglichenen heiligen Schrift Alten
Testaments entnommen. Jetzt werfen wir einen Blick auf die
in Talmud und Midrasch enthaltene Haggada, deren Beweis=
kraft nicht zu unterschätzen ist. Auch die strengsten Anhänger
des Talmud, welche die Haggada in Verhältnis zu der den
Sinn des Gesetzes feststellenden Halacha als ein rein subjek=
tives phantastisches Gedankenspiel ansehen, greifen doch zur
Haggada, wenn es gilt, zu beweisen, daß es eine über die alter=
tümlich grausamen, national partikularistischen Rechtsbestimmun=
gen des Gesetzes erhabene humane Moral giebt, nach welcher je
und je die Edlen Israels gehandelt haben. So macht es z. B.
ein in den Schulchanâruch aufgenommener Rechtssatz dem Is=
raeliten zur Pflicht, verlorenes heidnisches Gut zu behalten und
nicht zurückzugeben; die Haggada aber rühmt eine über diesen
Rechtsungleichheitssatz sich erhebende Praxis und erzählt, daß
die Schüler Simeon ben Schetachs ihrem Lehrer, der sich von
Flachskämmen nährte, einen Esel kauften, an dessen Halse sie
eine Perle hangend fanden. Nun, sagten sie, brauchst du dich
nicht mehr so zu plagen. Er aber fragte: Weiß denn der Herr
davon? Und als sie es verneinten, erwiderte er: So geht hin
und gebt sie ihm wieder (jer. Mezîa II, 5). Die Haggada ist
voll von Sittenregeln und Exempeln, welche den Buchstaben
des schriftlichen und die Konsequenzen des traditionellen Gesetzes
durchbrechen und sich mit dem Geiste des Christentums und

seiner übernationalen humanen Moral berühren. So lesen wir
Joma 23a u. ö.: „Diejenigen, die sich kränken lassen und nicht
wieder kränken, die sich schimpfen lassen und nicht wieder schim=
pfen, die aus Liebe heraus handeln und der Leiden sich freuen,
von denen sagt die Schrift: Die ihn lieben sind wie die Sonne,
wenn sie aufgehet in ihrer Macht." Solcher Sprüche, welche
mit Aussprüchen der christlichen Urkunden harmonieren, finden
sich viele in Talmud und Midrasch, und wie oft sind sie mittel=
alterlich fanatischem Antisemitismus entgegengehalten worden!
Weit entfernt, aller Beweiskraft zu ermangeln, wird die Hag=
gada bis auf den heutigen Tag von den Verteidigern des Tal=
mud und Schulchanâruch als klassische Zeugin aufgerufen, um
die Ehre der Nation zu retten, und nicht allein das, sondern
auch um, mit Hinweis auf die in der talmudischen Litteratur
zerstreuten und zum Teil im Traktat Aboth wie in einem
Schmuckladen ausgestellten Perlen religiös=sittlicher Kernsprüche,
den allgemeinen großen Gedanken des Christentums die Prio=
rität abzusprechen. Wir wollen hier darüber nicht rechten, son=
dern uns mit der Gegenbemerkung begnügen, daß mit Ausnahme
sehr weniger Aussprüche alle jene Parallelen zum Neuen Testa=
ment jünger sind, als das erste christliche Jahrhundert und also,
wenn auch unabhängig und selbständig, doch später der Zeit=
folge nach.

Aber man handelt ungleich und führt zweierlei Maß und
Gewicht, indem man die mit der christlichen Moral harmonie=
renden haggadischen Bestandteile des Talmud und Midrasch
mit stolzem Selbstgefühl emporhebt und dagegen die mit dem
christlichen Dogma harmonierenden als dem Geiste des Juden=
tums widersprechend und aus Nachgiebigkeit gegen christlichen
Einfluß hereingekommen herabdrückt. Nathan Krochmal in seinem
Môre nebûche hazemân, der sonst durchweg Sinn und Ver=
stand in der Haggada findet, verurteilt diese Bestandteile als

mystische Überschwenglichkeiten. Es giebt eine hebräische Broschüre mit dem Titel מצה ישראל, deren Verfasser einen oberflächlichen Blick in die Kirchengeschichte geworfen und diese Haggada's als den in Talmud und Midrasch abgelagerten Schlamm der christlichen Dogmenbildung seit dem Konzil zu Nicäa 325 betrachtet. Vorurteilsfreier stellt sich zur Sache eine mir handschriftlich vorgelegene Arbeit des Rabbiners Schwarz in Gablonz, welcher von der Beobachtung ausgeht, daß sich seit der talmudischen Zeit innerhalb des Judentums eine verstandesmäßige und eine mystische Richtung geschieden haben. Das ist richtig. Die verstandesmäßige Richtung sah strenge Beobachtung des Gesetzes, welche gerecht und selig mache, als die Hauptsache für jetzt und alle Zukunft an und verstattete dem prophetischen Wort fast gar keine Einwirkung auf ihre Denkweise; der Messias, wenn sie überhaupt den Glauben an einen künftigen Messias festhielt, galt ihr als ein gesetzesstrenger und dem Gesetze zu allgemeiner Geltung verhelfender König, der Unterschied zwischen der Gegenwart und der messianischen Zukunft bestand für sie lediglich darin, daß dereinst שעבוד מלכיות, d. i. die Knechtung Israels durch heidnische Weltmächte aufhören wird; Maimonides, der spätere Repräsentant dieser Verstandesrichtung, hat dieses mehr politische als ethische Messiasbild seinem System des talmudischen Rechts einverleibt. Die mystische Richtung dagegen erhoffte in dem Messias einen Wiederbringer des durch Adams Fall Verlorenen, den Überwinder der Schlange, den Mittler einer ewigen Erlösung, den Wiedereintritt Gottes in die Menschengeschichte; ihr Messiasbild war ein auf das Sehnen nach Erledigung nicht bloß von äußerem Druck, sondern von dem Drucke der Sündenschuld bezogenes. Es ist das Messiasbild, welches Jesu vorschwebte und in dessen Verwirklichung er sein Leben verzehrte und opferte. Er hat es nicht geschaffen, sondern aus der Idealität in Wirklichkeit umgesetzt. Obgleich es sich in der dem Christentum nächst vorhergehenden jüdischen Litteratur nicht nachweisen läßt und obgleich auch die Jünger Jesu nur allmählich ihr verstandesmäßiges äußerliches Messias= bild zu diesem mystischen, geistlichen, innerlichen vertieften, so verbürgt doch die Haggada des Talmud und Midrasch, daß es jüdischem Bewußtsein nichts Fremdes und Neues war; es war, wenn auch nicht volkstümlich, doch nicht aus der Luft gegriffen, alttestamentliche Gottesworte boten dazu die Charakterzüge und Farben.

Daß mit der Aufrichtung des Messiasreiches ein neuer Zustand der Dinge eintreten wird, welcher sich dem paradie= sischen vergleicht, ehe die Sünde und mit ihr die Disharmonie zur weltbeherrschenden Macht wurde, sagt Jesaia in dem idyl= lischen Gemälde Kap. 11, dessen Seitenstück der Schlußteil von Kap. 65 ist. Der Midrasch Bereschith rabba c. XII findet diese künftige Welterneuerung darin angedeutet, daß das Wort toledoth (Zeugungen) nur zweimal in der Thora (d. i. Bibel) mit doppeltem ו geschrieben ist, nämlich 1. Mos. 2, 4 und Ruth 4, 18. Indem diese zwei Stellen kombiniert werden, wird mit Bezug auf den Zahlenwert des Buchstaben Wav (ו = 6) die Ansicht ausgesprochen, daß das doppelte ו den sechs Dingen entspricht, welche dem ersten Menschen (אדם הראשון) genommen worden und dereinst zurückgewonnen werden durch Vermitte= lung (על ידי) des Messias, Sohnes Davids, welcher von Perez abstammt, oder, wie dort ein anderer Lehrer dies ausdrückt: „Obgleich die Dinge mangellos geschaffen worden sind, so sind sie doch, als der erste Mensch in Sünde fiel, in Unordnung geraten und sie kehren nicht eher wieder zu ihrem rechten Zu= stande zurück, als bis der Sohn des Perez erscheint." Obenan unter den sechs Dingen, die Adam weggenommen wurden, steht זיוו, d. h. sein Glanz, seine strahlende Äußerlichkeit, welche die Erscheinung seiner durchstrahlenden Unschuld war, denn wie dort mit Hinweis auf Richt. 5, 31 und Job 14, 20 begründet wird, die Liebe Gottes macht das Antlitz sonnig, Gottes Zorn aber entstellt es. Das stimmt alles mit der christlichen Auffassung des Werkes Gottes in seinem Christus. Es beginnt unscheinbar, geistlich, innerlich, aber Ziel und Ende ist eine Wiedergeburt (Palingenesie) der Erd- und Himmelswelt Matth. 19, 28, eine Wiederherstellung (Apokatastase) des Verlorenen (Apostelg. 3, 21), eine Befreiung der Kreatur von dem Dienst des vergänglichen Wesens (Röm. 8, 21), verbürgt und vorbereitet durch die Auferstehung und Erhöhung Jesu Christi zur Rechten Gottes.

Ferner: während die verstandesmäßige Auffassung in der Paradieses-Schlange nur ein Emblem der bösen Lust (יצר הרע) sieht, gilt sie der sogenannten mystischen Auffassung als das Organ des Sammaël, d. i. der dämonischen Macht des Bösen und des Todes, und in diesem Sinne wird öfter gesagt, daß der Mensch sich durch der Schlange Rat (בעטיר של נחש) den Tod zugezogen, und daß der Tod, wenn auch nicht in jedem einzelnen Falle, doch im allgemeinen die Folge der Sünde sei (אין מיתה בלא חטא). Sünde und Tod werden also nicht aufhören, bis der Kopf der alten Schlange (נחש הקדמון) zertreten ist, und das eben ist's, was von der Erscheinung des Messias erhofft wird, wie das jerusalemische Targum 1. Mos. 3, 15 b umschreibt: „Für sie (die Menschen) giebt's Heilung, und für dich, o Schlange, giebt's keine Heilung, sie (die Menschen) aber werden dereinst שפיותא בעקבא Beruhigung, Linderung, Herstellung an der Ferse erfahren in den Tagen des Königs Messias." Es liegt da, wie das andere jerusalemische Targum zeigt, die Anschauung zu Grunde, daß der durch die Geschichte sich hindurchziehende Kampf der Schlange und der Menschen miteinander ein fortgehendes Siegen und Erliegen ist, ein Kopfzertreten, d. i. ein Siegen derer, welche sich zu Gottes Gesetz halten, und ein Fersensticherleiden und also Erliegen derer, die Gott und

sein Gesetz verlassen. Die Erscheinung des Messias aber ent=
scheidet den endgültigen Sieg und bringt Heilung auch dem
Fersenstiche, welchen die Menschen von der Schlange erlitten,
während diese selbst unter dem Fluchbann bleibt. Jedenfalls
sagt das Targum, daß die in dem Urteilsspruch über die Schlange
einverwobene Urverheißung ihre schließliche Erfüllung durch die
Erscheinung des Messias finden wird, und das ist eine nicht
hoch genug anzuschlagende Übereinstimmung mit dem Christentum.

Auch als Mittler einer ewigen Erlösung bekennt die alte
Synagoge den Messias. Das jerusalemische Targum zu 1. Mos.
49, 18 bezeichnet das Heil, auf welches die Hoffnung des ster=
benden Patriarchen gerichtet ist, als das schließliche ewige Heil,
und umschreibt folgendermaßen: „Unser Vater Jakob sprach:
Nicht auf die Erlösung Gideons, des Sohnes Joas', schaut
meine Seele, denn das ist eine zeitliche Erlösung, und nicht auf
die Erlösung Simsons, des Sohnes Manoachs, denn das ist
eine vorübergehende Erlösung, sondern auf die Erlösung, welche
du durch dein Wort (במימרך) deinem Volke, den Kindern Is=
rael, zu bringen verheißen hast, auf diese Deine Erlösung schauet
meine Seele." Und es wird hinzugefügt: „denn Deine Erlösung
ist eine ewige Erlösung (פורקן עלמין)". In einer andern Fassung
lautet der Gegensatz: „nein, sondern auf die Erlösung des
Messias, des Sohnes Davids, welcher dereinst die Kinder
Israel erlösen und aus dem Exil herausführen wird, auf
diese Erlösung schauet meine Seele." Nach der einen Fassung
leistet Gott diese bleibende Erlösung durch sein Wort, welches
seine Offenbarung in der Welt und Geschichte vermittelt (neu=
testamentlich durch seinen Logos), nach der andern durch den
Messias, Sohn Davids; dieser ist, wenn man die zweierlei
Fassungen kombiniert, der persönliche menschliche Mittler seiner
Offenbarung, in welchem (ungesucht drängt sich dieser Gedanke
auf) sein Wort (מימרא) gleichsam Fleisch geworden. Wir sind

weit entfernt, hiermit den jüdischen Aussagen neutestamentliche
Gedanken von apostolischer Schärfe und Tiefe unterschieben zu
wollen. Aber unser Interesse an der Verschiedenheit wird über=
wogen von dem Interesse an der relativen Übereinstimmung.
Man kann in Darstellung der altjüdischen Glaubenslehre den
Zweck verfolgen, nachzuweisen, wie verschieden ihre Vorstellungen
von den christlichen selbst bei scheinbarer Übereinstimmung seien.
Aber dem christlichen Darsteller, zumal demjenigen, welcher den
Juden für das Christentum gewinnen möchte, wird es doch mehr
darum zu thun sein, nachzuweisen, daß die altjüdische Theologie
(d. h. die noch nicht durch tendentiösen Widerspruch gegen das
Christentum beeinflußte) im Anschluß an das alttestamentliche Got=
teswort Gedankenkeime enthält, welche im Christentum zur Ent=
wickelung und Ausreifung gelangt sind, Gedankenformen, welche es
mit neuem fortgeschrittenen Offenbarungsinhalt erfüllt hat. Selbst
Ferd. Weber in dem von Georg Schnedermann und mir heraus=
gegebenen System der altsynagogalen Theologie (1880) ist in
einseitiger Weise zu sehr auf das Verschiedene gerichtet. So
sagt er z. B., daß die altsynagogale Theologie keineswegs den
Messias und Gottes wesentliches Wort (מימרא) zusammenfasse,
indem er dafür auf Jes. 9, 6. 7 verweist, wo das die Weis=
sagung von der Geburt des Messias besiegelnde Wort: „Der
Eifer des HErrn Zebaoth wird dies vollführen" von dem
Targum übersetzt wird: „durch das Wort (במימרא) des HErrn
Zebaoth wird dies vollführt werden". Aber mit gleichem Rechte,
mit welchem hier Weber die Verschiedenheit der jüdischen Vor=
stellung von der christlichen betont, und nicht weniger wissen=
schaftlich behaupten wir die Annäherung jener an diese. Denn
wie die jüdische Theologie im Anschluß an alttestamentliche
Zeugnisse (z. B. Ps. 33, 6; 107, 20) das Wort (memra) als
die mittlerische Macht der Weltschöpfung und Weltregierung
betrachtet, so bezeichnet das Targum Jes. 9, 7 den Eintritt des

Messias in die Welt als das Werk Gottes durch sein Wort oder, was dasselbe, seinen Logos.

Das Wort (der Logos) ward Fleisch, sagt Joh. 1, 14 und fährt dort fort: und es wohnete unter uns . . voller Gnade und Wahrheit. Ohne allen Zweifel will der Apostel hiermit sagen, daß in Jesus, dem Messias, die göttliche Schechina menschlich erschienen ist. Denn Schechina (שכינה) nennt die altjüdische Theologie das Wohnen Gottes, die Gegenwart und besonders die Gnadengegenwart Gottes im Diesseits, Gott selbst als hienieden in seinem Heiligtum und bei den Seinen sich niederlassenden, wie wenn Aboth III, 3 gesagt wird: „Wo zwei dasitzen und sich über Worte der Thora unterhalten, ist die Schechina gegenwärtig unter ihnen." Und als Ziel der Ge= schichte gilt auch der altjüdischen Theologie dies, daß Gott wieder Wohnung mache in der Menschheit. „Die Schechina — sagt ein alter Midrasch (Tanchuma 129b der Wiener Ausgabe) — weilte ursprünglich hienieden, nach Adams Fall zog sie sich immer tiefer und tiefer in den Himmel zurück, und mit Abra= ham begann ihre allmähliche Rückkehr." Und ein anderer Midrasch (Pirke de Rabbi Eliezer c. 14) sagt, daß die heilige Schrift von zehn Herabfahrten (ירידות) Gottes auf die Erde rede, deren zehnte letzte in der Endzeit zu erwarten sei. Legt sich da nicht der Gedanke nahe, daß die Erscheinung des Messias die tiefste Versenkung Gottes in die Menschengeschichte sein wird? Die Messiasnamen Immanuel und HErr unsere Gerechtigkeit bestätigen das. Nur daß er Jes. 9, 6 starker Gott (אל גבור) genannt wird, was sich nur gewaltsam wegdeuten läßt, nur das geht über jüdische Fassungskraft hinaus.

Wir stellen nun noch einige altsynagogale Zeugnisse von dem Messias zusammen, welche mit den christlichen zusammen= treffen, nur daß das Christentum das, was vom Messias ge= sagt wird, als in Jesu erfüllt ansieht. **1.** Wie Paulus Kol. 1, 16 von Christus sagt, daß Gott alles durch dessen Vermittelung und in Absehen auf ihn geschaffen, sagt Resch Lakisch in Bereschith rabba c. II von dem Geiste, der über den Wassern des Chaos schwebte: דא רוחא דמלכא משיחא (es war dies der Geist des Königs Messias). **2.** Wie Paulus Gal. 6, 2 von einem Gesetz Christi, also einem messianischen Gesetz redet, dessen Gebote sich in das Gebot der aus dem Glauben geborenen Liebe zusammen- fassen, so lesen wir im Jalkut zu Jesaia § 296, daß der Hei- lige gebenedeiet sei Er durch den Messias תורה חדשה (ein neues Gesetz) zu geben beabsichtigt. **3.** Wie bei Matth. 8, 17 das Bekenntnis in Jes. Kap. 53: „Fürwahr er trug unsere Krank- heit und lud auf sich unsere Schmerzen" als in Jesus erfüllt bezeichnet wird, so wird es auch im babylonischen Talmud Sanhedrin 98ᵇ auf den Messias, und zwar den die menschlichen Leiden auf sich nehmenden, bezogen, indem er als ein Dulder wie Hiob und wie Rabbi (Juda der Heilige) gedacht wird. **4.** Wie Petrus in seinem ersten Brief 1, 19 f. Christus das von der Grundlegung der Welt her vorersehene Gotteslamm nennt, so wird Pesachim 54ᵃ gesagt, daß der Name des Messias schon geschaffen (ins Dasein getreten) war, ehe die Welt geschaffen wurde, und in Pesikta rabbathi (S. 161 der Friedmannschen Ausgabe), daß er das stellvertretende Leiden schon משׁשת ימי בראשית (seit den sechs Tagen des Uranfanges) auf sich genom- men. **5.** Johannes sagt in seinem ersten Brief 2, 1 f.: Wir haben einen Fürsprecher bei dem Vater, Jesum Christum, der gerecht ist, und derselbige ist die Versöhnung für unsere Sün- den, nicht allein aber für die unseren, sondern auch für der ganzen Welt, und im Jalkut zu Jesaia § 359 erbietet sich der Messias, das ihm von Anbeginn zugedachte Werk der Erlösung zu vollziehen, indem er spricht: „Herr der Welt, mit froh- lockender inniger Freude nehme ich's auf mich unter der Be- dingung, daß keiner von Israel verloren gehe und daß nicht allein den in meinen Tagen Lebenden Heil widerfahre, sondern auch den in Grabesstaub Gebetteten, und daß nicht allein den in meinen Tagen Verstorbenen Heil widerfahre, sondern auch den Toten, welche gestorben sind von den Tagen des ersten Adam bis anjetzt, und daß nicht diesen allein, sondern auch den in meinen Tagen Totgeborenen Heil widerfahre, und nicht den Totgeborenen allein, sondern auch allen, die du im Sinne hast, ins Dasein zu rufen, und die noch nicht ins Dasein getreten sind. Daraufhin gehe ich auf den Vertrag ein, und daraufhin nehme ich's auf mich." **6.** Im ersten Briefe des Petrus 3, 18 f. wird bezeugt, daß Christus, getötet nach dem Fleisch, aber lebendig gemacht nach dem Geist, im Geiste hingegangen ist und hat gepredigt den Geistern im Gefängnis, und ähnlich lautet, was im Jalkut zu Jesaia § 296 bezeugt wird, daß der Davidssohn für die Bewohner der Unterwelt beten wird und daß die Gottlosen, welche Amen dazu sprechen, um dieses Einen Amen willen aus der Hölle heraus werden gerettet werden. **7.** Der Brief an die Hebräer zeigt, daß Christus als Gegenbild Melchisedeks erhaben ist über Abraham 7, 4, erhabener als Mose 3, 3, erhabener als die Engel 1, 4, und genau ebenso wird Jes. 52, 13 im Jalkut § 338 erklärt: „Der König Messias wird erhabener sein als Abraham und erhöhet über Mose und um vieles höher dastehen als die Engel des Dienstes." **8.** Zu welchem Engel, fragt der Hebräerbrief 1, 13, hat Gott jemals gesagt: Setze dich zu meiner Rechten, auch im Jalkut zu den Psalmen § 869 findet sich unter anderen irregehenden Deutungen diese neutestamentliche: Dereinst heißt der Heilige gebenedeiet sei Er den König Messias zu sitzen seiner Rechten. Auch Rabbi Akiba Chagiga 14a versteht so den 110. Psalm, Rabbi Joseph der Galiläer freilich thut dagegen Einspruch und findet in dem Thronen des Messias zur Seite Gottes eine Profanation der Schechina. **9.** Auf die Frage des Hohenpriesters: Bist du

Christus, der Sohn des Hochgelobten? antwortet Jesus Mark.
14, 62: „Ich bin's, und ihr werdet sehen des Menschen
Sohn sitzen zur Rechten der Kraft und kommen mit des Him=
mels Wolken". Auch im Talmud Sanhedrin 98ᵃ wird die Be=
ziehung von Dan. 7, 13 auf den Messias vorausgesetzt: er ist's,
der unter Umständen in des Himmels Wolken oder reitend auf
einem Esel erscheint, und das Targum zu 1. Chr. 3, 24 bemerkt
zu dem Namen ענני (Wolkenmann): „Das ist der König Messias,
welcher dereinst offenbart werden wird." **10.** Und wie Jesus
Joh. 5, 25 beteuert: Es kommt die Stunde und ist schon jetzt,
daß die Toten werden die Stimme des Sohnes Gottes hören
und die sie hören werden, die werden leben: so heißt der Messias
nach Sanhedrin 98ᵇ ינון (Jinnon Ps. 72, 17) und zwar, wie
dieser symbolische Name in Pirke de Rabbi Eliezer c. 32 und
anderwärts gedeutet wird, als der, welcher die im Grabesstaube
Schlafenden hervorsprossen macht, d. i. zu neuem Leben auf=
erweckt.

Aber — wird man vielleicht einwenden — der Eindruck
dieser Zusammenstellung trügt, denn es sind ja Zeugnisse aus
verschiedenen Zeiten und verschiedenartigen Büchern. Als ob
wir das nicht wüßten! Sie gehören aber alle der talmudischen
Zeit oder doch der talmudischen Litteratur an — die Sohar=
Litteratur haben wir absichtlich ferngehalten — und alle ge=
hören der nachchristlichen Zeit an, was, weit entfernt, die Be=
weiskraft dieser Zeugnisse zu schwächen, ihr Gewicht in erstaun=
licher, ja verblüffender Weise steigert. Ein zweiter möglicher
Einwand lautet: Was da gesagt wird, ist ja doch nicht Be=
kenntnis der gesamten Synagoge, sondern Einzelner. Aber, ent=
gegnen wir, diese Einzelnen sind Männer von schwerwiegender
Autorität, wie Resch Lakisch und Rabbi Akiba, und wenn sich
dergleichen Aussagen im Targum finden, erscheinen sie doch ge=
wissermaßen als in das Gemeindebewußtsein aufgenommen oder

die Aufnahme in das Gemeindebewußtsein bezweckend. Und
drittens wird man sich des Eindruckes dieser Zeugnisse dadurch
erwehren, daß man dasjenige hervorhebt, wodurch sie sich von
den christlichen Aussagen unterscheiden. Aber das, was wir
beweisen wollen, bleibt von allen diesen Einwänden unberührt
und ungeschwächt. Denn jedenfalls beweisen sie, daß die Grund-
ideen des Christentums im Judentum wurzeln, in dem alten
noch nicht so wie später vom prophetischen Wort losgerissenen
Judentum, und daß das Christentum dem Judentum durchaus
nicht fremdartige Vorstellungen aufnötigt, die es nicht, wenn
es nur wollte, mit sich verschmelzen könnte. Die Grundfrage
ist und bleibt die Frage: Ist Jesus der Messias oder sollen
wir eines andern warten?

Fassen wir beispielsweise das Targum von Jes. 52, 13 bis
Kap. 53 ins Auge! Es beginnt 52, 13: „Siehe erfolgreich
handeln wird mein Knecht der Messias." Diese persönliche
Fassung des Knechtes des HErrn wird im Verlauf der Übersetzung nicht festgehalten, die kollektive Fassung von dem das
Gericht überdauernden Israel gewinnt weiterhin die Oberhand
und die Darstellung verläuft sich ins Weltliche und Kriegerische.
Aber für unsern Zweck genügt die Hinweisung auf 53, 4. 5,
wo das Targum übersetzt: „Er (der Messias) wird Fürbitte
thun ob unserer Verschuldungen, und unsere Missethaten werden um seinetwillen vergeben werden, während wir für gestäupt
galten, geschlagen vom HErrn und mit Leiden belegt. Und Er
wird den Tempel bauen, welcher entweiht war durch unsere
Verschuldungen, preisgegeben durch unsere Missethaten, und durch
seine Lehre wird großer Frieden über uns kommen und wenn
wir auf seine Worte hören, werden uns unsere Verschuldungen
vergeben werden." Die Übersetzung enthält unverantwortliche
Quidproquos, aber trotzdem bleibt der Gedanke stehen, welcher
der Grundgedanke des Christentums ist, daß durch das Ver-

dienst, das Wort, die Fürbitte des Messias Vergebung der Sünden vermittelt sein wird. Wenn also der Jude in Jesus den Messias erkennt, so sind es altsynagogale Messiashoffnungen, welche er in ihm verwirklicht sieht, indem er bekennt: Er hat sich für uns geopfert, er hat uns den Weg des Heils verkündigt, er vertritt uns hohepriesterlich bei Gott.

Es erübrigt aber noch ein wichtiger Punkt, in welchem die jüdische Messiasidee und die christliche Christusidee übereinstimmen — ein unwidersprochener, wenig beachteter und doch hochbedeutsamer.

Die Messiashoffnung, wie sie sich in der vorchristlichen und nachchristlichen jüdischen Litteratur ausspricht, weist verschiedene Gestalten auf. Sie lautet bald mehr irdisch, national, kriegerisch, bald mehr mysteriös, universell, sittlich=religiös. Aber Ein Grundzug ist allen Messiasbildern gemeinsam: er ist der Davidssohn, der seine Herrschaft nicht weiter auf leibliche Nachkommen vererbt; er ist kein König, wie die Könige dieser Erde, in deren Stelle, wenn sie sterben, ein Sohn als Thronfolger einrückt; er steht in keinem ehelichen Verhältnis, aus welchem leibliche Kinder entsprössen. Auch in der sonderbaren Vorstellung, welche den Einen Messias in zwei spaltet: einen Messias ben Joseph, welcher im Kampfe gegen die Weltmacht fällt, und einen Messias ben David, welcher den Sieg über die Weltmacht zu Ende führt, ist der eine wie der andere kinderlos, sie haben keine Söhne, in denen ihr Leben und Wirken sich fortsetzt. Der Messias Sohn Davids ist nicht Begründer einer Regentenreihe. Er ist alleiniger Throninhaber ohne Thronwechsel. Er herrscht endlos. Wenn dennoch der Herrschaft des Messias eine begrenzte Dauer zugemessen wird, so ist ein in die Ewigkeit mündender Zeitraum gemeint. Denn die Messiastage (ימות המשיח) gehören schon zu der zukünftigen Welt (העולם הבא), sie bilden den Übergang aus der Zeitgestalt des Diesseits in die Ewigkeitsgestalt des Jenseits.

Die Ehe ist Gottes Stiftung und Wille. Ohne die Ehe kann das Menschengeschlecht nicht fortbestehen, nicht familienweise fortbestehen; darum ist Eintritt in die Ehe, zumal nach

jüdischer Anschauung, des Mannes Pflicht. Den Messias aber
im Stande der Ehe zu denken widerstrebt nur etwa kabba=
listischer Überspanntheit nicht; Schabthai Zebî ehelichte wirklich
die schöne Polin Sara, die sich ihm als das dem Messias be=
stimmte Weib an den Hals warf, aber der Nimbus des falschen
Messias wurde dadurch nicht gesteigert. Der Messias, wie er
in der vor= und nachchristlichen jüdischen Litteratur gedacht
und vorausgeschaut wird, ist ehelos. Und das ist schriftgemäß.
Denn wie das prophetische Wort zwar von Ahnen (Vätern),
aber nicht von einem leiblichen Vater, sondern nur von der
leiblichen Mutter des Messias redet (Jes. 7, 14; Micha 5, 2;
Jer. 31, 22 vgl. Jes. 49, 1), so redet es vollends nicht von
einer Gemahlin des Königs Messias. Wo von einem Verhält=
nisse des Messias zu einem Weibe die Rede ist, da ist die Ge=
meinde dieses Weib, das Gegenbild Sulamiths, und wo von
Kindern des Messias die Rede ist, da ist sein Volk gemeint,
dessen אבי־עד (Ewig=Vater) er ist, der heilige Same (Jes. 6, 13;
53, 10) der durch ihn Erlösten. Wenn Ps. 45, 17 gewünscht
wird: „Deiner Väter Stelle mögen einnehmen deine Kinder",
so übersetzt dies das Targum, den Psalm messianisch verstehend:
בְּנָךְ צַדִּיקַיָּא (deine Kinder, die Gerechten). Denn die Ehe, ob=
schon Gottes Ordnung, ist doch nur eine irdische, diesseitige Ge=
meinschaftsform, der Messias aber ist eine über die irdischen
Bedingnisse erhabene Persönlichkeit; er fußt auf der Erde, aber
sein Haupt ragt in den Himmel.

Ebendeshalb wird das Regiment und Reich des Messias
von dem prophetischen Wort überall als ein ewiges bezeichnet:
der Messias selber, ohne daß ein anderer nachrückt, ist ewiger
König (Jes. 9, 7; Ez. 37, 25). Und es ist schlechthin unmög=
lich, unter dem Fürsten in Ez. 40—48, welcher Fürstenwürde
und Domanialgut auf seine Kinder vererbt, den Messias zu ver=
stehen; das Targum übersetzt wohlbedacht נשיא in diesem Schluß=

gesichte Ezechiels mit רַבָּא, da aber, wo von diesem Propheten der Messias als der andere David geweissagt wird (34, 24; 37, 25), mit מַלְכָּא. Es ist ein an sich vollkommen richtiger Gedanke, den das Volk aussprach, als es sich in die Aussage Jesu von seinem nahen Tode nicht finden konnte: "Wir haben gehört aus dem Gesetz (der heil. Schrift), daß Christus ewiglich bleibe" (Joh. 12, 34). Und demgemäß lautet auch die Ankündigung der Geburt Jesu Luc. 1, 32. 33: "Gott der HErr wird ihm den Stuhl seines Vaters David geben, und er wird König sein über das Haus Jakobs ewiglich und seines Königreichs wird kein Ende sein."

Darin also stimmen Judentum und Christentum überein, daß der Messias eine über das irdische Geschlechtsleben und überhaupt über irdische Beschränktheit erhabene Persönlichkeit von absoluter ewiger Bedeutung ist. Und hierin sind auch alle, die den Christennamen tragen, einig. Zwar geht auf christlicher Seite jetzt eine Theologie im Schwange, welche dem Judentum Angriffs- und Verteidigungswaffen gegen das Dogma der Kirche und gegen die Geschichtlichkeit unserer Religionsurkunden liefert, aber wir dürfen uns inmitten dieses Wirrwarrs doch dessen getrösten, daß dieser Succurs nicht zur Rechtfertigung des Judentums ausreicht. Denn mag man zum Christentum den unitarischen oder trinitarischen, den rationalen oder supranaturalen Standpunkt einnehmen, immer bleibt es stehen, daß das Christentum die Religion der vollendeten Moral und daß Jesus der große, heilige, göttliche Mensch ist, dessen Erscheinung die Weltgeschichte halbiert. Und man mag über das Geheimnis der Versöhnung denken, wie man wolle, immer bleibt es stehen, daß das Blut dieses Jesus, der das Gegenbild Abels ist, des hingemordeten jungfräulichen Gerechten, besser redet, als Abels, indem es nicht nach Rache, sondern nach Begnadigung der Schuldigen verlangt.

Es ist neulich eine Schrift mit dem Titel „Undogmatisches Christentum" erschienen. Da wird mit Bezug auf die Evangelienkritik die Frage aufgeworfen, wie etwas, das Gegenstand und Ergebnis wissenschaftlicher Untersuchung ist, Grundlage göttlicher Glaubensgewißheit sein könne. Die Antwort lautet, daß dieses Bedenken schwinde, wenn wir uns in das Innere des heiligen Charakters Christi zurückziehen, „der alle Schwankungen der Theologie und Geschichtswissenschaft hoch überragt wie ein aus dem Wogenschwall schauender Fels. Denn ist jemals bezweifelt worden, daß er dem himmlischen Vater unbedingt gehorsam war, die Brüder unendlich liebend, bis zum furchtbarsten Tode getreu, durch keine Versuchung zu erschüttern, durch keinen Undank zu verbittern, geduldig wie ein Lamm zur Schlachtbank geführt, für seine Mörder betend, von einem furchtlosen Wahrheitssinn ohnegleichen und einer sanftmütigen Milde ohnegleichen? Dadurch hat er von der Zeit seines Erdenwandels bis auf den heutigen Tag die Menschen gewonnen, deren härtesten Widerstand besiegt, Unzählige zu Gott geführt. Dieser Charakter von großartiger Einfachheit wirkt auf alle bestimmend, sei es verurteilend oder begeisternd, er begleitet uns in alle Lebensverhältnisse und Gemütszustände wie der Polarstern den nächtlichen Wanderer, er läßt keinen wieder frei, in dessen Gesichtskreis er einmal getreten ist. Diesen bis auf den heutigen Tag und bis in alle Ewigkeit wirkenden Christus sollte man den historischen Christus nennen, denn er ruft fort und fort die gewaltigsten historischen Wirkungen hervor."

Das ist wahr, aber die historischen Wirkungen gehen noch tiefer. Er ist allerdings das leibhaftige Ideal edler Menschlichkeit, welches wie eine Sonne über der Menschheit aufgestiegen ist und ihr Licht und ihre Wärme in sie ergießt, aber er ist noch mehr als das. Er ist der Christus, das Ziel der alttestamentlichen Worte und Wege Gottes. Er ist der Mittler zwischen Gott und Menschen, zwischen Israel und den Heiden, zwischen Himmel und Erde, zwischen Zeit und Ewigkeit. Durch den Tod hindurch zur Herrlichkeit eingegangen, hat er den Grund eines Gottesreichs gelegt, dessen Vollendung durch diese Grundlegung verbürgt ist. Wenn ihn Israel dereinst mit einem besseren Hosianna begrüßt (Matth. 23, 39) als dem ersten, dann, aber nicht eher, kommt die Vollendung dieses Gottesreichs zum Durchbruch.

Gott hat alles beschlossen unter den Unglauben — sagt der Apostel Röm. 11, 32 im Hinblick auf Israel — auf daß er sich aller erbarme. Brüder aus Israel, durchbrecht doch endlich den Bann des Unglaubens, damit der Kreislauf der Erbarmungen sich vollende! —

Schriften des Institutum Judaicum in Leipzig, Thalstr. 26.

Nr. 1. **Herschel-Augusti.** Eine abenteuerliche, wunderliche und doch durchaus wahre Geschichte. 2. Aufl., neu bearb. v. W. Faber. Preis 40 Pf.

Nr. 2. **Israel Pick.** Bekenntnisse aus der Tiefe eines jüdischen Herzens. Mit Erläuterungen von Franz Delitzsch. 2. erweiterte Aufl. Preis 30 Pf.

Nr. 3. **„Ganz Israel wird selig werden"**, ein Geheimnis. Nach dem Englischen des D. Adolph Saphir von Wilhelm Hochbaum, Mitglied des Institutum Judaicum in Halle. Bevorwortet von Franz Delitzsch. 2. Auflage. Preis 40 Pf.

Nr. 4. **Dokumente der national-jüdischen christgläubigen Bewegung in Südrussland.** Im Original mit deutscher Übersetzung mitgeteilt von Franz Delitzsch. (Vergriffen.)

Nr. 5. **Fortgesetzte Dokumente der national-jüdischen christgläubigen Bewegung in Südrussland.** Mitgeteilt von Franz Delitzsch. (Vergriffen.)

Nr. 6. **Marx,** G., Lic. theol. **Die Tötung Ungläubiger nach talmudisch-rabbinischem Recht.** Quellenmässig dargestellt. Preis 80 Pf.

Nr. 7. **Delitzsch,** Franz, **Die Bibel und der Wein.** Ein Thirza-Vortrag. Preis 40 Pf.

Nr. 8. **Delitzsch,** Franz, **Der Messias als Versöhner.** Eine biblische Untersuchung. Preis 40 Pf.

Nr. 9. **Rabinowitsch,** Joseph, לבו ונשובה (Hos. VI, 1). Zwei Predigten in dem Gotteshause Bethlehem in Kischinew gehalten. Preis 40 Pf.

Nr. 10. **Heynemann,** Dr. S. S., **Briefe eines jüdischen Getauften.** Preis 40 Pf.

Nr. 11. **Redet mit Jerusalem freundlich!** Nachrichten über das Seminar des Institutum Judaicum zu Leipzig. Preis 40 Pf.

Nr. 12 und 13. **Flad,** J. M., **Zwölf Jahre in Abessinien,** Teil I. Preis 80 Pf.

Nr. 14 und 15. **Flad,** J. M., **Zwölf Jahre in Abessinien.** Teil II. Preis 80 Pf.

Nr. 16. **Neue Dokumente der südrussischen Christentumsbewegung.** Selbstbiographie und Predigten von Joseph Rabinowitsch. Herausgegeben von Franz Delitzsch. Preis 40 Pf.

Nr. 17. **Anacker,** Friedr., Oberkonsistorialrat, **Das rechte Verhalten der Christenheit gegen Israel.** Preis 40 Pf., elegante Ausgabe Preis 1 M. 50 Pf.

Gegen Einsendung des Betrages zu beziehen durch das Centralbureau der Instituta Judaica (W. Faber)
Leipzig, Thalstraße 26.

☞ Jahresabonnement auf „Saat auf Hoffnung" und die 4 jährlich erscheinenden Schriften 3 Mk., mit „Nathanael" 4 Mk.

Briefmarken aller Länder werden in Zahlung genommen.

Gegen Einsendung des Betrages zu beziehen durch das Centralbureau der Instituta Judaica (W. Faber), Leipzig, Thalstraße 26.

Das hebräische Neue Testament in der Übersetzung Prof. Delitzschs

kleinere Ausgabe	Preis — M.	50	Pf.
größere Ausgabe	„ 1	40	„
dieselbe in fein Ledereinb. m. Goldschn.	„ 3	—	„
Komplete hebräische Bibel, (altes und neues Testament in einem Band) .	„ 4	—	„
Hebräisches altes Testament, gr. Druck geb. .	2	80	„
Hebräisches altes Testament, kl. Druck „ .	1	40	„
Hebräische Psalmen, in Leinw. geb. . . .	—	15	„
Die Propheten, hebr. u. deutsch, in Leder geb. .	1	20	„
Jüdisch-deutsches Neues Testament . . .	—	80	„
Jüdisch-deutsch, einzelne Evangelien, à . .	—	10	„
Jüdisch-deutsch, die Psalmen	—	30	„
Altes Testament, hebräisch und deutsch . .	3	80	„
Der Pentateuch, hebräisch und deutsch . .	1	40	„

Neue Testamente mit Psalmen:

deutsch 30 Pf. (fein Leder und Goldschnitt 1 M.); französisch
20 Pf.; englisch 40 Pf.; finnisch 70 Pf.; holländisch 30 Pf.;
italienisch 40 Pf.; lateinisch 1 M.; lettisch 70 Pf.; littauisch
60 Pf.; polnisch 30 Pf.; russisch 75 Pf.

Außerdem Bibeln und Neue Testamente in arabischer, syrischer
und ca. 180 Sprachen.

Die Preise werden auf Wunsch mitgeteilt.

Gegen Einsendung des Betrages (Briefmarken aller Länder werden
in Zahlung genommen), zu beziehen von dem Centralbureau der
Instituta Judaica (W. Faber), Leipzig, Thalstraße 26.

Die Restauflage des für jeden, der sich wissenschaftlich mit dem Alten Testament beschäftigt, unentbehrlichen klassischen Buches:

S. Baer und **H. Strack, Die Dikduke ha-teamim des Aaron ben Moscheh ben Ascher** und andere alte grammatisch-massoretische Lehrstücke, zur Feststellung eines richtigen Textes der hebräischen Bibel, zum ersten Male vollständig herausgegeben,

ist in den Besitz der unterzeichneten Buchhandlung übergegangen. Wir haben den Preis, der früher 3 M. 50 Pf. betrug, auf 2 M. 75 Pf. herabgesetzt und versenden es dafür franko.

Zur Besorgung jedweder das Alte Testament betreffenden Litteratur sowie sämtlicher Orientalia halten wir uns bestens empfohlen.

Das Centralbureau der Instituta Judaica

(W. Faber), Leipzig, Thalstr. 26.

Gegen Einsendung des Betrages zu beziehen durch das Centralbureau der Instituta Judaica (W. Faber), Leipzig, Thalstrasse 26.

Was lehrt der Talmud?

Auf diese in neuester Zeit für Millionen brennend gewordene Frage suchen viele vergebens nach wahrheitsgemässer Antwort von Sachverständigen. Von gewisser Seite wird seit Jahren geflissentlich die öffentliche Meinung gefälscht durch Verbreitung von Nachrichten, welche auf völlig ungenügender Kenntnis sowohl der Gegenwart als der Vergangenheit des Judentums beruhen. Ungeschminkte Wahrheit bieten die hier aufgeführten Schriften.

Weber, Ferdinand, Dr., **Die Lehren des Talmud,** quellenmässig, systematisch und gemeinverständlich dargestellt. Nach des Verfassers Tod herausgegeben von Franz Delitzsch und Georg Schnedermann. Preis 7 Mk.

Die Theologie oder Glaubens- und Sittenlehre des Talmud ist in diesem Buche zum ersten Male allseitig dargestellt worden. Noch kein anderes Werk ist ihm zur Seite oder gegenüber getreten. Die Grundanschauungen, auf denen das Rechtssystem des Rabbinismus beruht, kann man nur hier kennen lernen.

Delitzsch, Franz, **Was Dr. August Rohling beschworen hat und beschwören will.** Zweite Streitschrift in Sachen des Antisemitismus. Preis 60 Pf.

Delitzsch, Franz, **Schachmatt den Blutlügnern Rohling und Justus.** Zweiter revidierter Abdruck. Preis 50 Pf.

Delitzsch, Franz, **Neueste Traumgesichte des antisemitischen Propheten.** Sendschreiben an Prof. Zöckler in Greifswald. Preis 50 Pf.

Da der von Prof. Delitzsch bekämpfte Gegner, welcher den Christenmord als von den Rabbinen empfohlen hingestellt hatte, noch immer zahlreiche Anhänger hat und Rohlings Schriften als Autorität angesehen werden, sind die Streitschriften Prof. Delitzsch's zu weitester Verbreitung zu empfehlen.

Strack, H., Professor D., **Einleitung in den Talmud.** Preis 1 Mk. 20 Pf.

Ein lehrhaftes litteraturgeschichtliches Handbuch zur Einführung in den Talmud, wie es bisher noch nicht vorhanden war.

Marx (Dalman), G., Lic. theol. **Die Tötung Ungläubiger nach talmudisch rabbinischem Recht.** Quellenmässig dargestellt. 1885. Preis 80 Pf.

Marx (Dalman), G., Lic. theol. **Jüdisches Fremdenrecht,** antisemitische Polemik und jüdische Apologetik. 1886. Preis 1 Mk.

Neben der Blutfrage wird das Fremdenrecht vom Verfasser in den allgemein interessierenden Richtungen behandelt mit energischem Kampf gegen jegliche Verdunkelung der Wahrheit.

Mose ben Hezekia, Zur Lösung der Judenfrage durch die Juden. Ein jüdischer Osterabend. Preis 1 Mk.

Eine der besten Schriften, welche in die sogenannte Judenfrage eingreifen. Auf tief religiöser Grundlage entwickelt der jüdische Verfasser in lichtvoller, für christliche wie jüdische Leser interessanter Weise seine Auffassung der gegenwärtigen Zeitlage.

Delitzsch, Franz, **Christentum und jüdische Presse.** Selbsterlebtes. 1882. Preis 80 Pf.

Die Behandlung der christlichen Religion in einem Teile der jüdischen Presse wird hier einer scharfen aber wohlmeinenden Kritik unterzogen.

Jesus und Hillel mit Rücksicht auf R e n a n und G e i g e r verglichen von F r a n z D e l i t z s c h. Dritte revidierte Auflage. Preis 60 Pf.

Diese gründliche und anmutige apologetische Studie hat längst einen grossen auch jüdischen Leserkreis gefunden.

Delitzsch, Franz, **Jüdisches Handwerkerleben zur Zeit Jesu.** Nach den ältesten Quellen geschildert. Dritte revidierte Auflage. Preis 1 Mk.

Eine Reihe lebendiger, malerischer Bilder aus dem jüdischen Gewerbsleben in der christlichen Anfangszeit, entstanden aus Vorträgen im Leipziger Jünglingsvereine.

Delitzsch, Franz, **Sehet, welch ein Mensch!** Ein Christusbild. Preis 1 M. — Ein Bild des grossen Dulders, welches die Leser mitten in die Zeit versetzt, wo er als Wanderlehrer in Galiläa einherzog, um schliesslich in Jerusalem nach Gottes Ratschluss zu sterben.

Delitzsch, Franz, **Ein Tag in Kapernaum.** 3. Auflage. Preis in eleg. Originaleinband 3 M.

Mit Zartheit ausgeführtes Bild eines Tages des Lebens Jesu in den Farben der wenig bekannten Zustände des jüdischen Lebens jener Zeit.

Delitzsch, Franz, **Durch Krankheit zur Genesung.** Eine jerusalemische Geschichte der Herodierzeit. Preis 2 M. 25 Pf. Auf gründlichen Studien altjüdischer Sitte beruhende liebliche Novelle, zu welcher die Gründung des Aussätzigen=Asyls zu Jerusalem Anlass gab.

Weber, Dr. Ferdinand. Reiseerinnerungen aus Russland. Preis 4 Mk.

Das Buch giebt interessante Einblicke in das Leben der russischen Juden, sonderlich in den Gegenden, wo jetzt die grosse Christentumsbewegung stattfindet.

Das Central-Bureau der Instituta Judaica (W. Faber), Leipzig, Thalstr. 26, versendet gegen Einsendung des Betrages:

Christus und die Schrift.

Von

D. Adolph Saphir.

Aus dem Englischen von J. v. Lancizolle.

Bevorwortet von

Oberkonsistorialrat D. Kögel und Professor D. Delitzsch.

Dritte vermehrte und autorisierte Ausgabe.

137 S. Preis 1 Mk. 20 Pf., geb. 2 Mk.

———

Eine reife Frucht gläubiger Schriftforschung, gleich wertvoll für gebildete Christen wie gebildete Israeliten.

☙

Das Central-Bureau der Instituta Judaica (W. Faber), Leipzig, Thalstr. 26, besorgt schnell jedes beliebige Buch, ohne den Bestellern Portokosten zu berechnen.

Demnächst erscheinend und zu beziehen von dem Centralbureau der Instituta Judaica (W. Faber), Leipzig, Thalstraße 26.

IRIS.

Farbenstudien und Blumenstücke

von

Franz Delitzsch.

Leipzig,

Verlag von Dörffling & Franke.

1888.

Druck von Pöschel & Trepte in Leipzig.